会社を辞めずに収入を月50万円増やす！

小さく始めて成功させる「自分ビジネス」

船ケ山 哲
Funagayama Tetsu

集英社

会社を辞めずに収入を月50万円増やす！

小さく始めて成功させる「自分ビジネス」

目次

第1章

会社を辞めずとも気軽にスタートできる「自分ビジネス」

第2章

今の会社と「自分ビジネス」の違いを知れ

第3章

失敗しない「自分ビジネス」の見つけ方

第4章

「自分ビジネス」準備段階での注意と心得

第5章

「自分ビジネス」を最速でスタートするには

第6章
爆発的売り上げをたたき出す「自分ビジネス」戦略

第7章
限られた時間をお金に変える「自分ビジネス」構築法

自分ビジネス成功例

付録

はじめに

「来月から俺、給料3割減だわ……」

「辛いな」

「そういうお前だって、もうすぐだろ？　役職定年」

「俺は大丈夫。給料以外に毎月50万円の安定収入があるから」

「何それ？」


人の寿命は、決まっています。

生まれた瞬間から死へのカウントダウンは始まり、1秒1秒死に向かって時間は刻まれていきます。

ノーベル賞受賞者のエリザベス・ブラックバーン博士は、テロメア（染色体末端粒子）をのばせば寿命は延びると、世界に向けて発表しました。

しかし、寿命が延びれば、人は本当に幸せになれるのか？

大切なのは、その時間をどう過ごすかということで、それによって幸福の度合いは大きく異なってきます。


今のあなたの人生も同じです。

あなたは、これまで会社のために働き、都度、成果を体感しながら年齢を重ねてきたので、頑張れば報われるという常識があったかもしれません。しかし、50歳以降は、生き方の二極化が顕著に現れてきます。

たとえば、役員に向けさらに飛躍していく人もいれば、役職定年の恐怖に怯え、減らされた給料をどのように補填すれば大切な家族を守ることができるのかと頭を抱えている人もいます。

だからといって、今更、新しいことなどできないし、ましてや会社を辞めて起業するなんてことも考えられません。さすがに、50歳まで年齢を重ねてしまうと、急ハンドルを切り路線変更などできないのが、普通の人間です。しかし、会社の給料が今後減らされることはあっても、2倍、3倍と増えていくことなど、ありえません。

だから、多くの人は「役職定年」というブラックキーワードに敏感となり、「55歳」という数字に過敏になるわけですが、今更、過去を変えることなどできませんし、転職などすれば給料が減るだけです。

このように言うと、お先真っ暗で輝く未来など何もないように見えるかもしれませんが、人生は選択です。

「打開策が何もないのか？」

そんなことはありません。今の会社を辞めずとも、そして近所にある安い時給のアルバイトの面接に行かずとも、今の給料にプラス50万円の収入を上乗せし、家族を守り幸せを感じる方法はあります。

今の50代の平均年収は、東京で784万円、大阪で672万円と厚生労働省が発表していますが、全国平均で算出すると、510万円～570万円だと言われています。

ここに毎月50万円のプラスアルファーが積み上がったとしたら、あなたの生活にどのようなインパクトを与えるでしょうか？

人によっては、この50万円という金額は、今の給料の額を超えてしまうという人もいるかもしれません。しかし、このプラスアルファーの50万円は、決して夢物語ではなく、確実に手に入れることのできる極めて現実的な数字なのです。

しかも、貴重で忙しい人生の時間を減らすことなく、むしろ、自由な時間を増やした形で収入を上げていくこともできます。

今あなたがお勤めの会社は、売り上げから経費を差し引き、社会保険や厚生年金などを考慮しつつ、あなたに給料という形でお金を支払っています。言い換えれば、会社は、あなたに支払っている給料の何倍ものお金を稼がないことには、あなたを雇用し続けることができないのです。

今回お話しするプラスアルファーの50万円というのは、多少の経費はかかったとしても、会社と違い何億円も稼ぐわけではないので、限られた空き時間を利用しながら気軽に稼いでいくことができます。

サラリーマンとは違い、時間を管理され給料という形で報酬を受け取るわけではないので、1時間で50万円稼ぐこともあれば、1週間で50万円ということもあります。

どのようなスタイルを選択するのかによって多少異なりますが、どちらにせよ今のあなたの生活を一切変えることなく、プラスアルファーで50万円を増やしていくことができるということです。

このように言うと、「流行りの仮想通貨ですか?」と思う人もいるでしょうが、そうではありません。

あなたの過去にはない「知らない儲け話」に手を出せば、大火傷します。

だから、多くの人は儲けるどころか破滅の道を辿るわけですが、家族を守る立場のあなたに、そんな危険な冒険をさせるわけにはいきません。

かといって、50代を迎えたあなたが近所のコンビニで深夜のアルバイトなどカッコ悪くてできません。

ということは、怪しげな投資話でも深夜に労働を切り売りする安いバイトでもないわけです。

では、どのようにしてプラスアルファーの50万円を手にしていくのか?

それは、**「自分ビジネス」を持つ**ということです。

これまで、サラリーマンとして生きてきた人は、「自分でビジネスを持つことなど、本当にできるのか?」と疑問に感じるかもしれませんが、難しく感じる必要はありません。

なぜなら、あなたはすでに子供の頃にビジネスを体験し、そのことをすっかり忘れているにすぎないからです。

その証拠に、こんな経験はありませんか？

たとえば、小さい頃おじいさんやおばあさんの肩をたたき、お小遣いをもらった経験です。その金額が１００円なのかそれとも５００円なのかは、人によって違うかもしれませんが、肩たたきはまさに、相手が望む「価値」を提供し「対価」を受け取っている経験。これが、ビジネスの基本です。

しかし、ビジネスとなると難しく考えてしまう人も多く、稼ぐことができなくなるわけですが、ビジネスとは本来、非常にシンプルなものです。

相手が必要としている「価値」を提供し、その「対価」を受け取るのが、ビジネスです。最初はその対価が「ありがとう」という言葉かもしれません。しかし、提供する価値が少し大きくなれば、その「ありがとう」が缶コーヒーに姿を変え、ランチ代に変わります。そして、提供した価値が、缶コーヒーやランチ代ですまないようになれば、対価としてお金がもらえるようになります。

そんな感覚です。

このように考えれば、これから始めるビジネスを難しいと感じることはないはずです。むしろ、子供の頃にやっていたことの延長なので、すぐにスタートすることができます。

ただ、ビジネスとして行なう場合、子供の頃の肩たたきとは少し異なる点もあり、アレンジも必要となってくるので、この続きは、本編の中で詳しくお伝えしていきます。

まずここでお伝えしておきたいことは、**「今の給料に50万円プラスした生活が、あなたの未来をどのように変えるのか」**についてです。

- 月末は家族とともに温泉地に出かけ、高級旅館でゆったりと家族だんらんを楽しむ
- 年に2回の長期休暇で、ビジネスクラス、5つ星ホテルの豪勢な海外旅行をエンジョイ
- 苦労をかけた奥さん（旦那さん）にブランドバッグや高級時計をサプライズプレゼント
- 毎週末は、日頃立ち寄ることのできない高級レストランでドレスアップして食事を満喫
- 老朽化が始まった自宅を綺麗にリフォームし、心機一転、新しい生活をスタート
- 35年ローンで無理して購入した自宅の返済額を一部繰り上げ
- 迷惑をかけてきた親御さんに、ハイビジョンの大型テレビをプレゼント

- 老後施設に入っているおじいさんやおばあさんの部屋をランクアップし快適生活に
- 会社で部下から飲み会に誘われても安心会計し、上司の威厳を確保
- 生活費のためパートに出ていた奥さんを労働から解放し、お金の心配をかけない生活に
- 大学に通う子供の学費に怯えることなく、笑顔で卒業式を迎える
- 若い時に諦めた趣味にお金を使い、もう一度、夢に再挑戦

このように、今の生活に50万円が追加されるというだけで生活は一変し、残りの人生の時間を楽しく生きることができますし、これまで苦労をかけ我慢させてきた家族に恩返しすることもできます。

そのためには、定年までジッと我慢する生き方を選択するのではなく、限りある残された人生の時間をどのように使い未来に投資していくのかということが大切です。

とはいえ、若い時と違って、肉体的・精神的にも無理がきかないこともあります。

ここで大切なことは、**大冒険せずに確実に未来を輝かせる**ことです。これが重要なポイントになってくるわけですが、そこに大きな一歩は必要ありません。

小さな一歩、ないし半歩であっても、人生を変えることは十分可能です。その小さな半

歩が、あなたの未来に分岐点を与え、輝かしいシニアライフを用意してくれます。

50歳という年齢は、諦めの年齢ではありません。

第二の人生に向かうための挑戦の時期でもあります。第二の人生を輝かせるためにも、今という時間を吟味しながら大切に使ってください。

時間は、有限です。

どんなに元気な人であっても寿命は必ずやってきます。テロメアで寿命を延ばしたところで不老長寿になることなどできません。

限りある人生の中で、後悔を残す人生を生きるのか。

それとも、最期の瞬間にやり切ったと堂々と言える人生を過ごすのかは、これからのあなたの生き方で決まります。

ちなみに、今回お伝えしていく具体的な方法は、早ければ翌月にでも50万円を手にすることができますし、どんなに長くても3ヶ月もあれば十分です。

そんな奇跡とも呼べる方法が、この本には隠されていますので、未来に投資する練習も兼ねて、まずはこの書籍にお金を投資してみてください。

この書籍に投資した金額の何十倍、何百倍ものリターンを得るだけでなく、人生そのものに大きな影響を与えることは間違いありません。

第1章

会社を辞めずとも気軽にスタートできる「自分ビジネス」

毎月50万円を確実に稼ぐ「3つの要素」

いきなりですが、質問です。

あなたの今の給料に、毎月50万円の収入を上乗せした場合、どのような生活に変わるでしょうか？

今より広いところに引っ越すという人もいれば、家族旅行を思う存分楽しむという人もいるかもしれません。

このように、毎月50万円というお金が給料にプラスされるということは、自分や家族の可能性を広げ、さらには心の安定に繋がります。

とはいえ、私たち普通の人間は、これまでの習慣と文化を簡単に変えることはできません。なぜなら、今までの常識では、ボーナスが多少増えることはあっても、給料自体が50万円増えるということは、そうあるものではないからです。

しかし、毎月50万円がプラスされる生活は、あなたに大きな影響を与えてくれます。今いる会社で40万円の給料をもらっている人は、年収で１０００万円を超えてくるのです。

当然、そうなれば生活レベルは一気に向上し、見える世界だけでなくチャンスの数も一気に増えます。

これが、毎月50万円の収入がプラスされることで得ることのできる生活です。しかし、それを今いる会社で叶えることができないことは、あなたが一番よく知っています。

今より収入を上げ、毎月50万円の収入をプラスしたいと望むのであれば、会社で給料を上げようと考えるのではなく、外からの収入を考えることです。その方が現実的ですし、間違いがありません。

もし今の給料にプラスして50万円の収入を得ようと望むなら、注意すべきことは3つです。

- **過去の知識や経験が活かせるもの**
- **自分の意思でコントロールできるもの**
- **実績、スキルが積み上がっていくもの**

この3つを意識することが大切です。

儲け話に騙されてしまう人の多くは、これらの要素を抜きにして考えてしまうため、大火傷を負う羽目となります。知らないことに手を出せば、しっぺ返しを受けるのは当然です。

では、どのような視点を持てば、この3つの要素を理解し活かすことができるのか？

1つずつ見ていきます。

・過去の知識や経験が活かせるもの

お金を稼ぐ上で大切なことは、これまでの知識・経験の延長で「自分ビジネス」を考えてみることです。この視点を持たずに新しいことに手を出せば、何を始めるにしてもゼロからのスタートとなります。

しかし、過去の知識や経験を活かせる分野のものを手掛けることができれば、ビジネス初心者としてではなく、いきなりプロとしてデビューすることができます。

・自分の意思でコントロールできるもの

次に、お金を稼ぐ上で大切なことは、自分の意思で制御できる範囲にあるかどうかです。時々、スマホの画面を見ながら、投資を行なっている人を見かけますが、実は彼らの大半が大損をしています。その理由は、自分の意思とは無関係かつ自分ではコントロールできないものを手掛けているからです。

これが、彼らの最大の過ちです。自分の意思でコントロールできない場合、何か障害が起きたとしても、なす術がありません。落ちていく光景を見守ることしかできないのです。これでは、損するのは当然です。

・実績、スキルが積み上がっていくもの

自分でビジネスを行なうのなら、ラッキーを狙ってはいけません。確実かつ安全に、50万円を稼ぐことが大切です。それを支えてくれるのが、これまでの「実績」や「収入を支えるスキル」なのです。

これは言い換えれば、その人の「評価」と言えるもので、ギャンブルではなくビジネスとしてお金を稼ぐために重要になってきます。

時間をかけずにお金を生み出す思考術

この3つの要素を見て気づいた人もいるかもしれませんが、給料以外の部分で毎月50万円稼いでいくためには、無駄をいかに排除するかが鍵となってきます。

40〜50代で「自分ビジネス」を持とうとするなら、若い時と違って回り道している余裕などありません。少しでも早くビジネスを立ち上げ、手元にキャッシュを得ないことには、人生を変えることなどできませんし、すべては夢で終わります。

それを避けるためにも、はじめに意識すべきことは、**夢を追うのではなくキャッシュにこだわる**ことです。

ここを多くの人は見過ごしてしまうため、最初の1円を稼ぐことができずにジレンマを抱えます。しかし、夢は、お金を稼げば、後からでも叶えることができます。

まずは、確実に50万円を手にするためにも、夢を追うのではなくキャッシュに目を向けることです。

次に大切なのが、「時間は限られている」ということをもう一度知ることです。この概念を抜きにして考えてしまうと、無駄を生み出し、稼げないジレンマの波にのみ込まれてしまいます。こんなことをしていたら、稼ぐ前に寿命を迎えます。

その罠にハマらないためにも、自分の年齢と残された時間を直視することが大切です。

ここまで理解することができたら、次は、**時間を報酬に変えないお金の稼ぎ方を知る**ことです。会社を辞めずに毎月50万円稼ぎたい場合、時間をお金に変えていたら、いくらも稼ぐことなどできません。自分でビジネスを持つということは、時間や労力をお金に変える働き方をしてはいけないのです。

このような考え方は、給料という報酬が根付いている人には理解することができないかもしれません。しかし、これからお話しする概念を最初の段階で理解することができなければ、50万円は叶わぬ夢です。これではせっかくの未来が海の藻屑となります。

ゆっくりで構いませんので、自分の概念を変えていくようにしてください。

では、時間をお金に変えない稼ぎ方とは、どのように考えればいいのか？

それは、**「価値をお金に換える」**と考えてください。言い換えれば、商品やサービスを取り扱うということです。

なぜなら、お客様は、あなたの時間にお金を払っているのではなく、商品やサービスといった価値にお金を払っているからです。だから、お客様が価値として受け取り可能な形にすることで、時間という概念を壊すことができます。そこさえ押さえることができれば、時間に拘束されることなく、お金を得ることができるようになります。

時間ではなく「価値をお金に換える」メリットが、もう1つあります。

それは、**一度、価値を形にしてしまえば、あなたが直接関わらずとも、お金を得ることができる**ことです。

その証拠に、あなたの会社の社長さんが、社長室で美人秘書といちゃついている間もお金は振り込まれますし、取引先と接待ゴルフを楽しんでいる間も、会社の口座のお金は増え続けます。

時間ではなく価値を生み出すことができれば、あとは交換するだけでお金は増え続けるのです。そこに長時間勤務は、必要ありません。帰宅後の数時間と週末の活用で、「自分ビジネス」は、すぐにスタートすることができます。

ただ、1つだけ、これまでの働き方と違う点があります。

それは、**価値を交換しない限り、お金は支払われない**ということです。

1ヶ月寝ずに頑張ったとしても価値を交換しなければ、収入はゼロです。しかし、はじめに商品という価値を作り、交換することができれば、10分でお金を稼ぐことができます。要は、時間をお金に変えない働き方というのは、時間とお金は比例しないということです。

このように言うと、「商品など作ったことありません」という人がいますが、心配無用です。作れないのであれば、仕入れたらいいことです。

今の時代、世の中には商品が溢れているので、大抵の商品は扱うことができます。無理に作って時間を無駄にするのではなく、いいものを選定することに時間を使うことができます。

やり遂げる信念と帰宅後の勤務体制

会社から帰宅し、夕食とお風呂を終えた後、「自分ビジネス」はスタートします。

勤務時間という概念はありません。1時間やる日もあれば、次の日会社が休みであれば、朝まで没頭することも可能です。

そこには、タイムカードもなければ、出勤管理表もありません。

すべて、あなたが決めることができます。

そのため、自分が監視役も果たさないと、何もしない日が続くことになります。ここが会社と大きく違う点です。


会社は儲かっても儲からなくても、あなたに毎月給料を支払ってくれるので、サボることができません。しかし、自分でビジネスを持つということは、今までとは違います。誰かに怒られるわけではないので、サボろうと思えば、いくらでもサボることができます。

ただ、サボってしまえば、ビジネスが立ち上がることはなく、1円すら稼ぐことができません。これでは、せっかくの「自分ビジネス」が台無しです。

そこで、あなたがやるべきことは、1つ。

言い訳を脳から追い出し、サボらず**やり遂げる信念**と**ビジネスを行なう体制および習慣**を作ることです。

ここは大切なポイントとなりますので、それぞれ見ていきます。

・やり遂げる信念

人は信念がなければ、困難を乗り越えることはできません。

なぜなら、無理せずとも死ぬわけではないからです。

しかし、あなたの中に「これからの人生は、家族のために何かを成し遂げる。もしくは挽回したい」という強い思いがあれば、言い訳が襲いかかってきたとしても先延ばしすることなく、やり遂げることができます。

・ビジネスを行なう体制および習慣

どんなに素晴らしい取り組みであっても、体制を作り習慣にしなければ叶うことはありません。なぜなら、どんなことでも1回や2回、ちょこっとやった程度で叶えることなど不可能だからです。

ですから、体制を作り習慣にすることが、夢を叶える大事な要素となるわけです。習慣化のコツは、毎日水を飲むなどの**簡単なことから習慣にして、徐々に難易度を上げていく**ことと、**損失を明確にする**ことです。

この2点を押さえることができれば、あなたは先延ばしにすることも、言い訳に支配されることもありません。帰宅後は安心して、「自分ビジネス」に没頭する毎日を楽しんでください。

「自分ビジネス」は最高のエンタメ

このように言うと、「ビジネスを楽しむ？」と疑問に感じる人もいるかもしれませんが、没頭できるものがある人生と退屈な人生とでは、幸福の度合いが大きく違ってきます。寝ずに読書をしたことがある人や、何日もゲームにハマってしまった人なら理解できると思います。

時間を忘れ、1つのことに集中できることがある人生というのは、かけがえのない宝です。だから、多くの成功者は、ビジネスにハマると抜けることができないと言うのです。なぜなら、**「ビジネスは、他の欲と比べても、比較にならないほど刺激的で楽しい」**からです。

ビジネスは、リアルで行なうゲームのようなものです。

自分で考えたアイデアを形にして、お金を使いビジネスを仕掛ける。そこで、利益を得ることができれば勝ち。赤字であれば負け。まさに、ゲームそのものです。

普通のゲームと少し違うのは、設定やアイテムは自分で選ぶことも作ることもできることです。だからこそ、「他の欲よりも奥が深くて楽しい」と、成功者たちは口を揃えて言うのです。

その感情を少し知ってもらうために、1つの例を出してみます。

あなたは、30万円の広告費を使って、ビジネスを仕掛けようとしています。しかも、この30万円は、あなたが勤務している会社のお金ではなく、あなたが家族旅行をするために貯めてきた大切なお金です。その30万円を、ビジネスを成功させるために広告費に投入しなければいけないのです。しかも、たった1回の広告で、その30万円の運命が決まります。

この時、どのような感覚でしょうか？　怖いですか？　それとも、苦しいですか？　なかなか「配信ボタン」を押すことができません。

この恐怖と儲けの喜びが入り混じる感覚は、今までに感じたことのないものです。配信ボタンを押すまでの数分間が、何年にも感じられます。

しかし、その配信ボタンを押さないことには、ビジネスを仕掛けることはできません。このままじゃいけないと感じ、何度も深呼吸を行ない、心を落ち着かせます。

数分後、恐怖を振り払い、ようやく配信ボタンを押すことができました。


その結果……。


はじめに投入した30万円は、１週間後、１００万円に姿を変えて、戻ってきました。その瞬間、喜びと感動で手足が震えています。こんな経験、今までにしたことがありません。

考えてみてください。１ヶ月の給料に相当する金額が一瞬で消え、１週間後には１００万円になって返ってきたのです。これに感動しない人などいません。

私は、ドキドキしました！

実は、この話は、私が初めてメルマガ号外広告を行なった時の実際の話だからです。そこから投資金額は何倍にも増え、今では1回の広告費で1000万円、2000万円は当たり前になりましたが、それでも毎回ビジネスを仕掛ける時はドキドキしますし、恐怖に襲われることもあります。しかし、逃げずに立ち向かいスキルを上げてきたからこそ、その何倍もの金額を稼ぎ続けることができたのです。

このように自分でビジネスを行なう場合は、会社のお金を使うわけではないので、刺激を感じることができます。お金を使う時のドキドキ感。そしてビジネスの仕掛けが成功し、何倍にも増えていく感動。これらの刺激と感動は、食欲や性欲など他の欲では感じることはできないものです。ビジネスが、極上の刺激と感動を味あわせてくれるのです。

だから、ビジネスで成功した人は、ビジネスをやめることができないのです。それだけビジネスは刺激的で、他の欲望では味わえない楽しさをもたらしてくれます。

50万円稼ぐ分には、広告費など不要なわけですが、ビジネスを設計し構築していく過程は工作と似ているので、時間を忘れ没頭することができます。この感覚は、サラリーマン時代には、あまり感じたことがないという人が多いと思います。

「自分ビジネス」は会社の命令で行なう業務ではないので、自由かつあなたのスタイルで行なうことができます。だから、楽しいし、時間を忘れるほど夢中になれます。

それを今のうちから構築しておけば、定年後、飽きることなく毎日刺激に満ち溢れた人生を過ごすことができます。

現役という刺激が輝きと若さを保ってくれる

人は、取り組むべきことがあると、生きる活力を得ることができます。

その証拠に、80歳を超えてから出版社を立ち上げた社長さんがいますが、この方は、未だに元気で引退の兆しが見えません。それどころか、今もなお、年に2冊は自身の書籍を出版し、講演会も積極的に開催しています。

その秘訣について、質問したところ、面白い答えが返ってきました。

回答は、「現役だから」というものでした。これには、正直、驚きました。

80歳を超えている方なので、食事のとり方や独自の健康法などが最大の秘訣なのかと思いきや、意外や意外、「現役」という刺激が若さと活力の源となっていたのです。

一方、サラリーマンを辞めてやることがない人には、一気に老化現象が襲い掛かります。年齢的にはまだ65歳であっても、手足は震え、背骨は曲がり、頭髪は真っ白です。これでは、危なっかしくて外に出ることもできません。孫たちもだんだん手がかからなくなり、賑わっていた週末も静かなものです。毎日退屈で、朝から晩まで、テレビを見るだけの生活です。収入も年金だけとなると、旅行に行くこともできません。こんな生活があと30年近くも続くと考えたら、それだけで気が滅入ってしまいます。

あなたはどちらがいいですか？

- 毎日、刺激的でワクワクし、数多くの発見を楽しめる人生
- 朝起きても、やることがなく、毎日を繰り返すだけのつまらない人生

会社に勤務しているうちは、定年後は海外旅行をして快適なシニアライフをエンジョイしようと考える人も多いかもしれません。しかし、これから毎日が休みとなると、海外旅行などには行かなくなるのが人間です。時間がない中、スケジュールを調整して行くから楽しいのであって、毎日休みともなれば、近所の公園で十分です。これでは、何のために

今まで頑張ってきたのか分かりません。

しかし、これまでの経験を活かして、もう一度社会と繋がり、ボランティアではなく、きちんとお金をもらいながら貢献できるとしたら、いかがでしょう?

きっとそこには、あなたをさらに輝かせる新しい世界と仲間たちが待っています。


私も、これまで色々な方たちをサポートしてきて、気づくことがあります。

それは、私がサポートを始めたばかりの頃は、くたびれて疲れきったサラリーマンであっても、「自分ビジネス」を持つことで輝き始め、見た目もキリッとカッコよくなっていくことです。

私は、この変化の過程を何度も目にしています。男性だけに限らず、女性も同じです。

年齢を重ねれば重ねるほど輝きが増し、見た目の年齢が若くなっていくのが分かります。

人間というのは、やるべきことが決まり、周りに必要とされるだけで、容姿にも大きな変化が現れるということです。

なぜ、このような現象が起きるのかというと、それはサラリーマンの働き方とは違い、やりたいことを選んで稼ぐことができるからです。

「やらされる人生」と「選ぶことのできる人生」

働き方によって、周りに与えるインパクトや本人の満足度は大きく異なります。「やらされる」のではなく「選ぶことのできる人生」、それを叶えてくれるのが、「自分ビジネス」です。

第2章では「自分ビジネス」を成功させるにあたって、今いる会社の仕事と「自分ビジネス」の違いについてお話ししていきます。というのも、この違いを明確にしておかないと、せっかくこれから始める「自分ビジネス」で儲けるどころか、形にすらならないからです。確実に収入を50万円増やすためにも、この違いについてお話ししていきます。

ちなみに、この違いをしっかりと理解し実践することができれば、ストレスを一切感じることなく自分らしいビジネスを楽しむことができるようになります。変わり始める自分の人生にワクワクしながら、まずは違いを知るところから始めてみてください。

それが、「自分ビジネス」を開始する最初の一歩です。

第2章

今の会社と「自分ビジネス」の違いを知れ

会社では平社員でも、家に帰れば社長

この章では、「自分ビジネス」を立ち上げる前に、今お勤めの会社と「自分ビジネス」の違いを知るところから始めていきます。

なぜ、「自分ビジネス」の立ち上げ方ではなく、違いから知る必要があるのかというと、向かうべき方向性を間違えると成果が出ないだけでなく、とんでもない方向に行くことで損失を被る可能性があるからです。だから、一見遠回りのようにも見えますが、立ち上げる前に違いを知っておく必要があるのです。

たとえるなら、本来、右に向かうべき人が、うっかり左に行ってしまうようなものです。間違いに気がついて右に戻ろうとしても、せっかく進んだのに戻るのがもったいないと腰を上げるまで大変な時間がかかってしまいます。

行動経済学では、これを「保有効果」と呼びます。1970年代はじめに、経済学者のリチャード・H・セイラー氏によって提唱された理論で、自分が所有するものに高い価値を感じ、「もったいない」「手放したくない」と感じる心理現象のことをいいます。人間は、

それが間違っていると分かっていても、一度動き出してしまうと、容易に手放すことができなくなるからです。

このように、はじめの段階で間違えてしまうと、時間をロスするだけでなく、再スタートする際の障害ともなるので、猶予期間を無駄にしないためにも、最短距離を歩まなければいけないのです。

では、早速始めていきます。

今回、「自分ビジネス」を行なうにあたり自覚すべきことは、たとえ1人のビジネスであっても、あなたは社長だということです。

今の会社では平社員であっても、家に帰れば社長に大変身です。だから、あなたが昼間どんな立場の人であれ、「自分ビジネス」では社長の仕事をしなければいけません。

しかし、ビジネスが下手な人は、社員感覚のままビジネスを行なってしまいます。これでは、ビジネスが立ち上がらないのは当然です。社員の仕事と社長の仕事は違います。

そもそも会社は、社員とお客様という「人」で成り立っています。だから、会社は社員に先行投資を行ない、教育に時間とお金をかけるのです。いい社員を育てることが結果、会社の安定に繋がると知っているからです。

社員を育てるにあたって、問題が1つあります。それは、ようやく育て上げた大切な社員が辞めてしまうことです。これでは、戦力が失われます。

そこで、会社は何を考えるのかというと、業務をできるだけ細分化し、作業に変えることを意識します。ビジネス全体を見えなくすることで、独立心を阻害するのが目的です。

だから、多くの会社では、なぜなら、作業あがりの人間が経営のことなど考えることはできないからです。

しかし、「自分ビジネス」を行なう以上、社長の仕事をしなければいけないわけですが、日頃、社員をやっていると、社長の仕事がイメージできないという人も多いと思いますので、簡単に説明しておきます。

社長の仕事とは、**「仕組みを構築すること」**です。

そこに、作業は不要です。

あなたがやるべきことは、**ビジネスプランを考え、実行部隊を配置する。**それだけです。

しかし、「自分ビジネス」では、社員の雇用や教育などの必要はなく、外注を上手に活用することでビジネスを構築することができます。

ファーストキャッシュが入るまでは、お金の流れを作ることができないので、自力で作業を行なう必要はありますが、一度形ができ、お金の流れさえできてしまえば、あなたの作業は、そこで終わりです。

肩書は1円の価値にもならない

会社員生活が長いと人間錯覚してしまうのが、「役職」という肩書です。50歳ともなれば、会社によっては部長の肩書を持たされる人もいるので、自分が偉くなった気になりますが、それは幻想です。

このように言うと、狭い世界で生きている人は「そんなことはない。私の仕事は経済自体を動かしている」と憤るかもしれませんが、そういう人に限って、定年を迎えたあとに自分の非力さに直面することになります。

定年後、取引先に挨拶に行っても、「頑張ってください」と言われるだけで、仕事に繋がるあてもなく、去年まで来ていた年賀状の分厚い束も、今年は10枚にも満たないというのは、よく聞く話です。

今回行なう「自分ビジネス」も同じです。それが定年後なのか定年前なのかは違えども、会社の肩書は一切使えなくなります。このことを知っておかないと、周りの冷たさにショックを受け、寝込む人もいるほどです。

自分でビジネスを行なう場合は、それが顕著に出ます。というのも、管理職になると日々接する相手は部下や取引先になるため、新規客に会う機会がなくなります。しかし、「自分ビジネス」を始めた瞬間、新規客を相手にしなければいけないのです。当然、お客様はあなたに媚びることはしませんし、過去の役職という印籠になびくこともありません。

これは、知り合いの会社にコネで入社したところで同じです。そこの社員があなたに媚びることはありません。ひとり蚊帳の外に追いやられ、孤立するだけです。

さらに言えば、近所でアルバイトする場合も同じです。これまでの役職など1円の価値にもならないので、20代の若造に「使えないヤツ」呼ばわりされて終わりです。

このように、どこに行っても役職という過去の栄光は、今の会社を離れた瞬間、価値を失い無効となります。多くの人は、その現実を受け入れることができず、家に引きこもる定年ライフを始めるわけですが、前章でもお話ししたように、現役を退けば、一気に寿命は縮まります。これでは、一家の大黒柱の威厳を保つことなどできませんし、家族を心配させるだけです。

では、どうしたら、現役を保ち家族にカッコいい背中を見せることができるのか？　それは、過去の栄光を手放し、「プライドを捨てる」ことです。

本当の**プライドとは、しがみつくものではなく、積み上げていくもの**です。

これは実績にも似ていますが、これまでの武器が使えないのであれば、新たな武器を手にしなければいけません。それを柔軟に受け入れることができる人は、本当のプライドの持ち主です。

それさえできれば、あなたを役職だけで判断する現金な人間はいなくなります。

あなたならできます。執着を手放し、上書きしてください。

市場のフラストレーション（欲求不満）を狙え

「自分ビジネス」を行なう上で、もう1つ大切な考え方があります。

それは、**会社の規模による役目の違いを知る**ことです。

大企業には大企業の役目があり、中小企業には中小企業の役目があります。ここを分けずに一緒くたに考えてしまうと、投資回収できずに、破産することも珍しくありません。

その典型が、中小企業にいる一発屋の社長です。このような人は、ブームで当てたビジネスを自分の能力だと錯覚し、アイデアマンになる傾向があります。しかし、そのアイデアが形にならないのは、中小企業には市場を作り出すだけの資金力がないからです。

しかし大企業は違います。これまでにない商品を開発したとしても、資本力で市場自体を生み出すパワーを持っています。だから、大企業は開発部門を持つことができますし、資本力を持って認知させることもできるのです。

このように言うと、「中小企業は開発したらいけないのか？」と誤解されそうなので補足しておくと、大手企業の役目は、一般消費者に大規模広告を仕掛け、新たな文化を提案することです。中小企業の役目は、大企業が作り出した市場のフラストレーション（欲求不満）を解消するのが仕事です。

ここを明確に分けて考えれば、大企業にお客様を奪われることなく共存することは可能です。事例を出しながら、詳しく解説していきます。

今、こうしてインターネットを使い買い物をすることができるのは、アマゾンや楽天のおかげです。彼らが広告を行ない一般消費者に認知を広げたことで不安材料を取り除き、インターネット＝安心という文化を根付かせたからです。

少し前までは、インターネットで商品を買うことなど怖くてできませんでしたし、届く保証などどこにもありませんでしたが、今は違います。若者だけでなく年配の方も、インターネットで買い物をし快適な生活を送っています。

ここだけ見ると、大企業は凄くて完璧なように見えます。しかし、何事にもフラストレーションは発生し、それを解決するからこそビジネスは進化していきます。

インターネットの世界も同じです。大手企業に発生しているフラストレーションを探せば、一緒に稼いでいくことができます。

たとえば、生鮮食品などが典型です。さすがに大手企業であってもロスや安全面を考えると、今の時点では積極的に生鮮食品を扱うことはしていません。しかし、消費者の希望が多い地域に限っては、中小企業が旗をあげ、インターネットで注文を受け付け、宅配で届けるといったサービスは定着しつつあります。

大手企業は資本もあるので完璧だと思われがちですが、フラストレーションは至る所で発生しています。

その**イライラの根源を発見し、自分たちのやれる範囲で解決策を提示すれば、またそこにビジネスが生まれる**ということです。

「5つのなし」を克服するお手軽ビジネス

私が、20年前に手掛けたビジネスを紹介します。

当時の私には、何もありませんでした。お金もなく、センスもなく、才能もなく、人脈も資格もない。それこそ思い当たるものが何もないという状態です。やれることといえば、近所でのアルバイトぐらいでした。いわゆるフリーターです。時給を積み重ね、その日暮らしをする。そんな若者でした。

ただ、そんな何もない自分でも、何かをしたいという思いだけはありました。そこで、発想を変えてみることにしました。

時給の高い仕事を探すのではなく、自分自身で仕事を取れば、時給に縛られることはないと考えたのです。

当時の自分は何もなかったために、何もなくともできるビジネスを模索しました。

- 資格がなくてもできる
- すぐにできる
- 元手がなくてもできる

この3点に焦点を絞り、探すことにしました。ここまで制限を与えれば、答えは自ずと見つかるものです。

当時の私が思いついたアイデアは、「ハウスクリーニング」です。

これなら特殊な技能などなくとも取り組むことができますし、簡単な道具があれば始めることができます。100円ショップに出向き、洗剤やスポンジを買い込みました。かけたコストは、1000円です。次に、パソコンでチラシを作成し、コンビニで100枚印刷することにしました。印刷代は1000円です。

これで準備は整いました。あとは100枚のチラシを配り反応を見るだけです。期待して待つこと、1時間経過、2時間経過……。

その日は結局電話は鳴らず、初のチャレンジはダメかと思いきや、翌日1本の電話が鳴りました。

「掃除のチラシを見たんですが、お願いできますか?」

目の前にあるマンション住民からの依頼です。2000円を初期投資した清掃ビジネスが、8000円になった瞬間でした。

このように、何もなくともビジネスの体系を作り行動するだけで、お金を稼ぐことができます。それだけビジネスとは身近なものですし、簡単なものです。

しかし、「知らない」というのは、怖いものです。当時の私は、成約の平均値を知らなかったために、100件に1件の受注を少ないと思ってしまったのです。結果、その1件を最初で最後にし、掃除ビジネスをやめてしまいました。

これは本当にもったいないことです。なぜなら、ビジネスの経験がある人なら分かると思いますが、100件中1件の成約というのは奇跡の数字だからです。

受注は「先払い」を徹底せよ！

会社に勤めていると、月末締め、翌月払いなどといった支払いサイクルに慣れてしまうことがあります。

しかし、零細企業や個人がカッコつけて後払いを導入してしまうと資金はショートし、思いとは裏腹に倒産を余儀なくされます。

「お客様に先に払えなどと言ったら、注文など取れん！」と威張る人がいますが、それは、交渉が下手なだけです。

相手は、先に払おうが、後から払おうが、支払うことに変わりありませんし、相手がサラリーマンの場合、後払いにしてもらったからといって給料が増えることもありません。会社が勝手に作り出した慣例に合わせているにすぎないのです。

だから、あなたが合わせる必要などありませんし、あなたがリスクを負うこともありません。

注文を取ったら、先に入金してもらい、そのお金で仕入れを行なえば、リスクなくビジネスを展開できます。

もしもこのサイクルを逆転させた場合は、受注後、身銭を切って仕入れを行なうことになり、納品後、その売り上げが不良債権となれば、連鎖倒産を余儀なくされます。

昔と違って最近は、取引先が大手企業であっても倒産する時代です。そうなれば、火の粉を被るのは、あなたです。道理を通したり、契約書を見せても意味がありません。そんなものは、不良債権の場では、不可抗力です。

そんな暇があれば、新規客を取りに行った方が賢明です。お金の流れが止まったところから回収するのは、ほぼ不可能だからです。

新たな流れを見つけ、そこに身を置くことができれば、お金を得ることは簡単です。

お金とは、「流れ」です。

流れあるところに、お金は舞い込みます。

お金は会社にとって血液そのものです。流れがあるから、循環させることができます。

だから支払い方法がネックで、発注を断られているようであれば、どこでも手に入るようなくだらない商品を扱っているか、専門家ではないとみなされている可能性があります。

相手が本気であなたのことをビジネスパートナーとして認識していれば、支払いサイクルなど小さな問題にすぎません。

あなたのビジネスを一日も早く安定させるためにも、報酬は必ず先払いを徹底してください。

お金は貯めずに「流す」！

次に、入ってきたお金の使い道ですが、ここを間違えてしまうと、増えるどころかなくなってしまいます。

お金は「流れ」そのものです。

流れを止めた瞬間、崩壊します。

これまでのサラリーマン生活が当たり前になっていると、お金は貯めるもので、流すものという概念がないかもしれません。

しかし、あなたが「自分ビジネス」に取り組み、毎月50万円の安定収入を得たいと考えるのであれば、お金の使い方も学ばなければいけません。

ここで覚えていただきたい絶対法則は、**「お金は貯めない、流すこと」**です。

資産を増やしたければ、この考え方を脳に叩き込み、脊髄の奥底に染み込むまで、何度も何度も何度も繰り返してください。

私もこれまで沢山の方と接してきて、分かったことがあります。

それは、お金持ちになる人、凡人のままの人、破滅していく人には明確な違いがあり、努力とは無関係に成否は分かれるということです。

それぞれ解説していきます。

・お金持ちになる人＝お金を流す

お金を増やしていくのが得意な人は、お金より価値あるものを見極める能力にたけており、「交換」という概念を持っています。

お金より高い価値のもの（人脈や顧客リストなど）を常に所有し、お金が必要になったら換金する、ないし、生み出すということを繰り返しています。

このようにすることで、合法的に経費として使いながら、無尽蔵に資産を増やしていくことができます。

資産とは、現金だけではないからです。

現金を所有すれば、税金の対象となりますが、人脈や顧客リストで税金を納める義務はありません。

・凡人のままの人＝お金を貯める

お金には嫌われないが、増えもしない人は「貯めてしまう」考え方です。サラリーマン思考を持っている人は、この罠にハマります。

もちろん、貯めるというのが悪いわけではありません。しかし、お金の入口が給料しかない場合、お金を貯めても使えばなくなります。これは、当たり前のようにも思えますが、当たり前ではないと知れば、お金を増やすことができます。

現金だけが資産ではない、リターンあるものには投資として使うという、先ほどのお金持ちになる人の考え方を取り入れるのです。

・破滅していく人＝お金を奪う

この人たちは、お金に執着するあまり寄生虫となって、常に奪うことを考えます。価値交換という概念がなく、奪えるものは、すべて奪うという考えの人です。これは、詐欺師やパトロンを持っている人たちに多く、お金持ちを嗅ぎ分ける勘だけは冴えています。彼らに共通する欠点は、お金は持っている人から奪えばいいという考えが根底にあるため、入ってきたお金のすべてを消費に使ってしまうということです。

そのため、お金を奪うカモがいる間は財布も心も満たされますが、カモがいなくなった瞬間に、ホームレス同然の生活に舞い戻るため、いつまで経っても自立することができません。

このように、お金をベースに考えても、３つのタイプがあり、それぞれの考え方はまったく異なるということが分かったと思います。

今後、あなたが、「自分ビジネス」を始め、毎月50万円を会社以外で稼いでいく場合は、お金を流し、お金持ちになる人の考え方を持つ必要があります。

この考え方を常識にすることで、あなたの元には安定した50万円が毎月振り込まれ、希望すれば、より多くのお金を得ることも夢ではなくなります。

「自分ビジネス」に定年はない、常に自分を磨き高め続けろ

人の成長に終わりはありません。

会社には定年という制度がありますが、人生に定年はありません。言い換えれば、本人が定年を決めることができます。明日を人生の定年日と決めてもいいし、今日から30年後を定年を迎える日と決めるのもアリです。

ビジネスに定年など存在しません。そこにお客様がいる限り、会社は世代を超えて、永続させることができます。

しかし、何も考えずボケッとしていれば継続させることはできません。時代やお客様に合わせ、会社も進化させていくことが大切です。そこを押さえることができれば、ビジネスをあなたの代で終わりにすることなく、毎月50万円という安定をお子さんやお孫さんの代に引き継ぐことができます。

そのためにあなたがやるべきは、スキルを磨き、輝き続けることです。しかし、これま

で自分でビジネスをした経験がない人は、何のスキルを磨いていけばいいのか分からないと思います。

そこで、次章では、「自分ビジネス」を始める上で必要なスキルについてお話ししていきます。


多くの人が、「自分ビジネス」を開始しようと思っても稼ぐどころか立ち上げすらできないのは、そもそもビジネスを誤解しているからです。キツい言い方かもしれませんが、今、お勤めの会社で毎日しているのは、ビジネスではありません。単なる「作業」です。

作業とビジネスを混同しているうちは、稼いでいくことはできません。

この違いを明確にし、ビジネスに必要なスキルさえ知ってしまえば、毎月50万円を稼ぐのは簡単です。なぜなら、あなたは日々、もっと難しいことをやっているはずだからです。「自分ビジネス」を開始しても稼ぐことができない人は、能力が低いのではなく、ビジネスの立ち上げ方であったり、お金を稼ぐ方法を知らないだけです。やり方を学んでしまえば、何てことありません。

小学生社長が一時期話題になりましたが、やり方を知れば、稼ぐことは誰にでもできます。その具体的な方法については、この後、ステップ・バイ・ステップでお伝えしていきますので、毎月安定した50万円という金額を手にするためにも、ビジネスに必要なスキルを知り、磨いていくようにしてください。

第3章

失敗しない「自分ビジネス」の見つけ方

¥ これまでの知識・経験が未来の可能性を切り開く

「自分ビジネス」を始める上でもっとも大切な考えは、何のテーマで旗あげするかということです。ここを初期段階で間違えてしまうと、能力を発揮するどころか、歯車が回り出すことはありません。

その罠にハマらないためにも、知らないものには手を出さないことです。

言い換えれば、最初のステップは、「これまで培ってきた知識や経験の延長でビジネスを構築できないか」と考えることです。これが、最短最速でビジネスを立ち上げ、毎月50万円の安定した収入を得る方法です。

しかし、ビジネスが下手な人は、努力とは無縁に稼ぐことはできません。その理由は、自分の過去に経験したことがないものを手掛けるからです。

たとえ、あなたが手掛けるものが、簡単と言われているものであっても、**自分に知識と経験がないものはビジネスとして手掛けてはいけません。**

日々、会社でやっている仕事を考えれば理解できます。

あなたが50歳だとして、30年近く毎日同じことをやっていれば、「こんなの簡単。誰にでもできるよ」と思ってしまうのが人間です。しかし、それは30年という歴史があっての話で、もし経験ゼロの人が手掛ければ、「なんて難しいことをやってるんだ」と思うはずです。

経験がある人の「簡単」は、経験ゼロの人にとっては、「難しい」ことなのです。

このように言うと、「私には、FXや仮想通貨の売買を自動で行なってくれるツールがあるから、ビジネス経験がなくても大丈夫」などと言う人がいます。しかし、そういったものに騙されてしまうのは、ビジネスの本質を理解できていないからです。その儲け話が本当に稼げる話であれば、インターネットでノウハウを公開することはしません。むしろ、誰にも言わずコソッとやるはずです。

儲け話に騙されてしまう人は、「とうとう俺にもチャンスが回ってきた。これで借金一括返済」などとバカげたことを考えます。だから騙されるのであって、実績など何もない人のところにチャンスがやってくることなどありません。

チャンスとは、言い換えれば「武器」です。使いこなせる人のところにしかやってきません。それを誤解している間は、チャンスという仮面をつけた詐欺話に騙されるだけです。

あなたが「自分ビジネス」を立ち上げ、毎月安定した50万円を確保したいというのであれば、儲け話にふらつくのではなく、**自分の過去にお宝は眠る**ということを、もう一度、よく考えるようにしてください。そこさえ押さえることができれば、あなたの未来が脅かされることはありません。

ゼロからスタートでは勝てない

ここまでで、手を出してはいけない分野は理解できたと思います。その上で大切なことは、手持ちのカードを知ることです。

言い換えれば、「リソース」です。

分からない人のために簡単に説明します。リソースとは、これまで培ってきた「知識、経験、スキル、資格、実績、信頼、人脈、資金」などを示します。このリソースが、ある意味、あなたの結晶体であり、生きてきた証です。「自分ビジネス」に使わないのはもったいないことです。使えるものはフルに活用しましょう。

ビジネスの世界においては、**リソースの量と数が成否を分ける**からです。

1億円の資本金を携えビジネスを仕掛ける人と、1円の資本金でビジネスを立ち上げる人とでは、どちらに軍配はあがるでしょうか？

考えるまでもなく、1億円の資本金を持っている人です。

お客様の声が100個あり感謝の声で満ち溢れている人と、お客様の声が1つある人とでは、どちらに軍配はあがるでしょうか？

こちらも言うまでもなく、100個のお客様の声を持っている人です。リソースは量が多い方に軍配はあがります。これは、次の2人を比較すれば、より理解できます。

100万円の資金を持っている人が2人いました。1つだけ異なる点、それは……1人は、100万円以外に、人脈、実績、販路など3つのリソースを持っていました。もう1人は、100万円の資金のみです。

勝敗は一目瞭然です。リソースの数が多い方に軍配はあがります。

このようにビジネスとは、リソースの量と数が成否に大きく影響し、スタート以前に勝負は決まります。

「自分ビジネス」を始める際には、これまでのリソースを最大限活用しましょう。ゼロからのスタートにしてはいけないのです。

自分ビジネス成功例

週末を活用して月50万円稼ぐ釣り好き

あるクライアントの話をします。

この方は、30年間、工場に勤務していました。言われたことをきちんとこなす仕事です。そのためビジネスに関する知識や経験などは一切なかったわけですが、定年を迎えるにあたり、生活の不安から「自分ビジネス」を始めることにしました。

これまでビジネスを自分で行なう経験などなかったために、まずは販売する練習も含め、家にある不用品をインターネットオークションで販売することにしたのです。

はじめは、何が売れるか分からないので、片っぱしから出品にチャレンジすることにしました。洋服や電化製品、趣味の釣り道具など、使わなくなったものを断捨離も兼ねて出品しました。

すると、いくつか出品した商品の中で、釣り具だけがダントツに売れていたことに気づきました。彼にとっては、意外な事実でした。なぜなら、釣り具は年末の大掃除でゴミに出そうと考えていたからです。

この話を聞いた私は、釣り具をすべて出品してしまった彼に、「釣り具専門の中古ショップに足を運び、売れそうな商品を買ってまた売ったらいいのでは」とアドバイスしました。

そこは宝の宝庫でした。今までは、自分が楽しむために買っていた釣り道具を、今度は売るために買うわけですから、金山を掘り当てたような感覚になったと言います。

週末にまとめて買い付けを行ない、ネットオークションに出品。また売れては、買い付けを行ない、オークションに出品。これを繰り返しました。1ヶ月が経ち、どのくらい売れたのかを計算してみると、なんと利益で50万円以上の金額を稼いでいたのです。

このように、家にある不用品を売るだけで、販売の練習にもなりますし、意外な「自分ビジネス」に出会う可能性があります。

ビジネス経験のない人は、まず不用品をオークションで売ることから始めることをお勧めします。しかし、ここで1つだけ注意しなければいけないことがあります。

それは、「釣り具は、儲かる」という単純な話ではないということです。

釣りを趣味としてきたこの方が、釣り具に関する知識を持っていたからこそ、50万円という金額を稼ぐことができたのです。しかし、知識のない人が釣り具を扱ったところで、まず利益は出ません。そこは間違わないでください。

自分のリソースで足りなければ、協力者を探せ

「自分はこれまで大したことをやってきていないので、自慢できるリソースがありません」とすねる人がいますが、あなた自身に何もないのであれば、リソースを持っている人を探すことです。

この視野を広げる行為が、あなたに可能性と希望をもたらします。

リソースを生まれた時から持っている人などほとんどいません。元々親が資産家だったとか、代々政治家をやっているという人なら、親のリソースを使うことができますが、サラリーマン家庭に生まれた人は、何もないのが普通です。しかし、その普通を続けていたら、人生が変わることなどありません。リソースがないのであれば、集めなくてはいけません。

これは、お菓子についているシールと同じです。シールは、自分でお菓子を買って集めることもできますが、自分の手持ちのシールを友達と交換し、自分の欲しいシールを増やすこともできます。やっていることは、それがビジネスなのか、小学生の遊びなのかの違

いはあれど、基本、同じです。この感覚で、リソースも気軽に集めることができます。その際、コツは必要です。それは、先ほどのシールの部分に隠されています。見逃した人のために、その部分を切り出します。

「自分のシールを友達と交換し、増やす」

要は、自分にリソースがないのであれば、何かと交換すればいいということです。シールの場合、別のシールでもいいし、お菓子でもいいかもしれません。はたまた、ゲームを貸してあげるというのもアリかもしれません。

大切なのは、「交換」という概念であり、**相手が望むものを差し出すことで、得たいお宝は手に入る**ということです。

このような感覚でリソースを集めていけば、ライバルに差をつけることができます。同じシールでも5枚まとめれば、金のシール1枚と交換してくれるかもしれないのです。

ビジネスだからといって、難しく考える必要はありません。

大切なことは、**得たいゴールにマッチするリソースを集める**こと。

見つからないのであれば、リソースを持っている人を探し、交換することはできないかと考えること。それだけです。

その際、注意すべきことは、相手の望んでいるものを知ることです。

先ほどのシールの場合は、お菓子やゲームなどを例に出しましたが、相手がこれらを望まなければ、交換してもらうことはできません。

しかし相手を観察し、欲しがっているものを知れば、大概のものは手に入れることができます。1つでダメなら、数を増やしてみる。それでもダメなら、形を変えてみる。

アプローチに正解はありません。

あるのは、「自分の望むリソースをどのように手に入れるか？」ということだけです。このような観点で考えた場合、付き合う人を変えることも必要です。

なぜなら、あなたの周りに自分が望むリソースを持っている人がいないのであれば、そこで色々探したところで見つかるはずもなく、時間を無駄にするだけです。

しかし、あなたが足を運び、リソースを持っている人のところに行くことができれば、あとは相手の望むものと交換するだけです。こんなに簡単なことはありません。

自分ビジネス成功例

親孝行した結果、家に眠る財宝を発見

この方は、あることがきっかけでビジネスの種に出会いました。

実家に帰った際、掃除を頼まれたのです。古い家なのでホコリがたまり、物が散乱していました。はじめは簡単に捨てられる小さなものから処分し、大きなものは最後にしました。

8割ほど片付いたので、休憩を取ることにしました。すると、鉄でできた旧式の足踏みミシンが目に飛び込んできました。最近は、処分するにしてもお金がかかるので、処分費を調べなくてはいけません。調べてみると、処分にかかるお金が想像以上に高く、インターネットオークションに出品し、タダでも引き取ってくれる人を探すことにしました。

すると、この方の予想に反して次々と入札され、高値で取引が成立してしまったのです。高額な処分費がかかるどころか、高値で落札されてしまったので、この方は唖然としたそうです。

あまりにも驚いたので、近所で鉄製ミシンを持っている人がいないかを聞いて回ることにしました。古い町なので、鉄製のミシンを持っている人は沢山いましたが、譲ってほし

いと言ったら、ミシンがなくなっては困ると言われてしまいました。1軒だけならまだしも、行く先々で同じ理由で断られてしまったのです。さすがに、ここまで断られると、頑張る気力も失います。

そんな中、私と出会うきっかけがあり、相談を受けました。

そこで私は、このようにアドバイスしました。

「ミシンがなくなって困るのであれば、新しいミシンと交換するのはどうですか？」

今のミシンは数千円で買えるので、それを仕入れ代と考えれば、交換することで可能性を見出すことができます。

それから数日が経ち、この方から喜びの連絡がきました。

このアイデアは的中し、ほとんどの人が交換してくれ、鉄製のミシンを手に入れることができ、また高値で落札されたといいます。このように少し視点を変えれば、ビジネスに変えることができるということです。

ただ誤解のないように言っておくと、この方の交渉が上手くいったのは、親御さんのおかげです。長年、その土地で近所付き合いを行ない、信頼を得ていたからこその結果です。

そこを抜かして考えてしまうと、怪しい業者となり、塩を撒かれるだけです。

意外なところにリソースは眠っている

ここまでのことで、リソースの考え方を知ることができたと思いますが、これは、料理でいう素材です。

あなたが冷蔵庫だとして、中には米という実績があり、豚肉という人脈がある。そして、野菜室を開ければ、人参という知識があり、ジャガイモというスキルがある。この材料を見れば、誰もが、カレーを連想するかもしれません。

しかし、ビジネスが下手な人は、この材料を見たところで料理をイメージすることができず、猪鍋が食べたいと言い出します。

これでは、また新たに「猪肉」というリソースを集めてこなければいけません。そんなことをしていたら、ビジネスを始める前に餓死してしまいます。

ビジネスを最速で立ち上げ、ファーストキャッシュを早く手に入れたいというのであれば、あるもので料理を作ることです。

「それでもやっぱり、私の冷蔵庫の中には食材と呼べるものが何もありません」という人がいますが、仕事以外にも苦難を乗り越えてきた経験は立派なリソースであり、お金になります。

それをイメージしていただくために、1つの事例をお話しします。

この方は、30歳の頃に更年期障害を患い、会社に行くこともできずに寝込んでいました。これでは生活に支障をきたしてしまうので、病院に行って薬を処方してもらったり、漢方を煎じて飲んでみたり、サプリメントを調合し飲むといったことをしましたが、一向に良くなる気配がありません。

さらに、ヨガに通い瞑想を行なったり、ゴッドハンドと呼ばれる人のところで施術を受けてみたり、ありとあらゆる方法を試しましたが、どれも効果を感じることはできませんでした。ここまでかかったお金は、５００万円以上です。

さすがに彼女も「打つ手はない、もうダメだ」と思っていたわけですが、友人に悩みを打ち明けたところメディカルハーブを紹介してくれたので、最後の頼みの綱ということで、試してみることにしました。

すると……。

体の怠さが嘘のように消え、悩んでいたホットフラッシュの辛い症状も一気に克服することができたのです。その結果、無事、会社に復帰することもでき、今では、自分の会社を立ち上げ、同じように更年期障害で悩んでいる人を救うメディカルハーブのカウンセラーとして、世界を行き来しながら活躍しています。

このように、今までやってきた仕事ではリソースが何もないという人であっても、**プライベートまで視野を広げて考えてみる**と、意外なところにリソースは眠っているということに気づくはずです。

「自分には何もない」と未来に蓋をするのではなく、視野を広げ自分が武器として使えるリソースが他にないかを調べてみてください。

その際のヒントは、**これまで時間をかけてきたもの、お金を使ってきたものを調べてみると、意外な可能性があることに気づきます。**ちなみに、彼女の場合、私がアドバイスをすることで、お金になるリソースを見つけることができましたが、まさか、更年期障害を克服したという経験だったり、メディカルハーブがお金になるとは1ミリも思っていなか

った と言います。

¥ やってきた仕事の「細分化」で可能性が広がる

ここまでで、今、自分が持っている素材を調理すれば、「自分ビジネス」はスタートできるということは分かったと思いますが、その他にも毎月50万円を手にする上で大切な視点があります。

それは、今のあなたの年齢です。

あなたが22歳ということであれば、「自分ビジネス」以外にも就職先は選び放題です。それが未経験の業種であっても、若さという可能性に会社は投資してくれます。

しかし、これが35歳を超えると、世間の風当たりは冷たくなります。未経験というだけで、書類選考で落とされ面接に行くこともできません。同業種に面接を申し込んだところで、実績がなければ受け付けてもらうことはできません。

ましてや、50歳ともなれば、さらに可能性は小さなものとなります。

これは、逆の立場で考えればすぐに分かります。

あなたが社長となり身銭を切って給料を払う場合、中高年の初心者にお金を払い教育している余裕はあるかということです。

もちろん、ありません。

自分が人を雇う場合は、即戦力となりキャッシュをすぐに生み出してくれる人を雇いたいと思うはずです。これは、誰もが同じです。

「自分ビジネス」を始める場合も同じで、今の自分を客観的に見て、どの分野の仕事であれば、会社はあなたのことを即戦力として採用するかということです。多くの人は、ここを見落としています。

たとえば、一度も経験したことのない昔から憧れていたカフェを手掛けてみたり、最近は健康分野にも興味があるので、ヨガ教室を始めるといったことをしがちですが、お金にならないのは当然です。

そこにあなたの思いがギュッと凝縮していようと、未経験のあなたに給料を払って、経験させる人間などどこにもいません。なぜなら、それで困るのは、雇い主でもある社長だからです。
だから、50歳という年齢を出した瞬間、能力とは無関係に書類選考で落とされてしまうのです。

そういった観点で考えた場合、どの分野であればあなたに毎月50万円を払いたいと思ってもらえるでしょうか?

社長という立場で、あなた自身を雇うと想定して考えてください。
答えを聞くまでもなく、「これまでの実績をベースに判断する」ことになるはずです。

「自分ビジネス」も例外ではありません。これまで1回もやったことのない分野のものをビジネスとして手掛けて、成功する確率などありません。万が一の確率でもありません。100%失敗します。
しかし、これまでやってきた実績ある分野であれば、成功確率は格段に上がります。なぜなら、今もなおやっていることだからです。その業界の常識や習慣、考え方などすべて分かっています。仮に、詐欺師がやってこようとも、1秒で見抜くことができます。

とはいえ、「家に帰ってからも、今と同じ仕事をやりたくない」という気持ちも分かります。私も「自分ビジネス」を始める際には、同じことを考えたからです。

そこで私は、何をしたかというと、リソースをベースに枝葉でビジネスを構築することはできないかと考えたのです。

私はサラリーマン時代、ウェブマスターという仕事をしていました。いわゆる、インターネットを使い集客する仕事です。

当時は、これしかできなかったので、まさか自分でビジネスを立ち上げ、稼いでいけるとは思ってもいませんでした。しかし、自分の可能性を見てみたいという興味から、「自分ビジネス」を始めてみることにしたのです。

ただ、先ほども言ったように、「家に帰ってからも、同じ仕事をやりたくない」と思った私は、これまで培ったリソースを活かしながら、別の形でビジネスを作ることはできないかと考え、今までの仕事を細分化して考えてみることにしました。

大カテゴリーは、インターネットを使って集客するウェブマスター
中カテゴリーは、集客を実現させるために行なっていた分析やホームページ作成
小カテゴリーは、それらを具現化するために勉強していたマーケティングやセールス

このように、1つの業務を細分化することで、自分の可能性に気づくことができました。武器でもあるリソースは、組み合わせ次第で、姿を変えることができます。これは、料理と同じです。

先ほどまでの組み合わせは、カレーという料理だったかもしれませんが、組み合わせを変えたり、少しアレンジを加えれば、シチューにすることも豚汁に変えることもできます。

それが私の場合、コンサルタントという仕事に形を変えたというだけです。

このコンサルタントという仕事に出会った時は、同じリソースを使って仕事しているにもかかわらず、コンサルタントという仕事が輝いて見えました。毎日変わることのない単調な生活の中に、希望の光を感じたからです。

あれから、丸6年。今でもコンサルタントという仕事は好きですし、自分でビジネスを

始めて本当に良かったと感じています。

このリソースの組み替えは、これで終わりではありません。

私の場合、コンサルタントという仕事をまた分解して、今では、テレビ神奈川やFM横浜のメインパーソナリティーとして出演したり、ビジネス雑誌「BOSS」の連載やファッション雑誌「LEON」のWEB連載なども行なっています。もちろん、この書籍もリソースを分解して再形成した1つです。

このように、今の自分の業務を細分化することで、今まで見えなかった世界の扉を開くことができます。その際、忘れてはいけないことは、根底にあるリソースは変えずに上手に活かすということです。

そこを見逃してしまうと、すべてふいになります。そんな余裕は、あなたにも私にもありません。なぜなら、人の寿命は決まっているからです。

ビジネスを始める上で、年齢はマイナス要因にはなりませんが、もしあなたが50歳なら、夢に時間を割く余裕はありません。無駄なことに寿命をさかないためにも、自分のリソースをベースにビジネスを構築するようにしてください。
そこさえ間違えなければ、あなたの成功は最短距離を走ります。

第4章

「自分ビジネス」準備段階での注意と心得

準備に時間をかけるな

いよいよここからは、「自分ビジネス」を形にする工程となりますが、準備は最小限にすることです。**最低でも3ヶ月以内に、ビジネスを立ち上げて**ください。

準備に時間をかけるのではなく、まず一歩踏み出すことにこだわることです。

言い換えれば、完璧に準備してから、最初の一歩を踏み出すのではなく、**一歩踏み出すために、最低限のものだけを準備する**ということです。この逆説的考え方が、あなたの未来を切り開きます。

このように言うと、「そんな無責任な。完璧でないものを世の中に出したら信用に関わる」という人がいますが、そもそも完璧など幻想です。恐怖を完璧という言葉でごまかし、逃げているにすぎません。販売者にとっての完璧が、必ずしもお客様の完璧になることはありません。

お客様は、商品そのものを買っているのではなく、商品の先にある願望を叶えるために、手段として商品を買っているからです。販売者がいくら手段（商品）の部分を完璧にしたところで、その先にあるお客様の願望が満たされなければ、完璧とは言えないのです。だから、完璧などという幻想に縛られるのではなく、まずは直接お客様の声に接するためにも、一歩踏み出すことから始めなければいけないのです。

そこを誤解している間は、商品を販売することも、50万円を受け取ることもできません。これでは、意味がありません。あなたの目的は完璧を追い求めることではなく、お客様に価値を届け、お金をもらうことです。この目的が、すり替わっている間は、仕事をした気になるだけで人生がよくなることはありません。

商品を作っても売れない人は、お客様の意見を聞くことなく商品改良に時間をかけますが、それはエゴです。そんな暇があるのであれば、一日も早く商品を届け、お客様の声を反映することです。その作業なくして、いい商品を作ることなどできませんし、お客様の声を無視している限り、お客様が泣いていることにも気づけません。


あなたはお客様にとっての救世主です。

その救世主が、準備ばかりして、登場を控えていたら、ライバルにお客様を奪われます。

お客様は、すでに存在しています。

あなたが登場してから、お客様が生まれるわけではないのです。

そこを勘違いしている間は、いつまでたってもレースに参戦することなどできません。すでに、レースは幕開けしています。

「完璧に準備してから」などと言っていないで、レースに飛び込み参戦してください。早くしないと、レース自体が終わってしまいます。

この章では、失敗を事前に回避する方法について説明します。進んでは失敗して、また進んでは失敗。こんなことを繰り返していたら、お金が入る兆しなど見えてきません。この罠を回避するためにも、無駄を省く考え方をお伝えしていきます。

経費をかけるのは儲けてから

ビジネスを立ち上げるのが下手な人の特徴は、「経費の使い方」を間違えているということです。意味のない机や棚を購入し、使いもしない大きなコピー機のリースを組み満足する。これでは、お城が立派になるだけで、肝心なお客様を得ることはできません。

これまでの会社をベースに考えてしまうと、形を先に整えることが正解のように思えますが、今の時代、机などなくともビジネスを行なうことはできますし、毎月50万円規模であれば事務所も不要です。50万円の売り上げのところに、20万円の事務所代を払っていたら、手元にお金は残りません。売り上げから経費を差し引いた金額が利益になるからです。

当たり前のように思えるかもしれませんが、会社に経費を提出するのに慣れてしまっている人は、この当たり前を見落としています。

会社には、見えない経費がかかっています。商品仕入れだけでなく、交通費や接待交際費。さらには、日々、社員たちが使っている文房具など、あげたらきりがありません。

しかし経費を使うことに慣れてしまうと、それが常識となり、利益を残すという概念が徐々に失われ、結果、**経費は使わなければ損という間違った方向**に行ってしまうこともあります。これでは、利益どころの話ではありません。

「自分ビジネス」の場合、その間違った習慣は、あなたに牙を剥くことになります。経費を使うことに慣れてしまったら、50万円という金額を手元に残すことはできないからです。

「自分ビジネス」を行なう以上、これまでの会社の常識で物事を考えるのではなく、新しい常識を持つことが大切です。

今いる会社と「自分ビジネス」は、規模も違えば、やることも変わります。表面的に見えている部分だけを真似しても、上手くいかないのは当然です。

あなたが会社に申請している日々の交通費を算出すれば、すぐに分かることです。営業をやっている人であれば、1ヶ月何万円と交通費にかけている場合もあります。そんなことをしていたら、手元に残るお金などありません。

「営業するのに交通費がかかるのは当たり前だろう」と思うかもしれませんが、本当にすべて必要と言い切れますか？　その中には、「本当は必要ないけど、会社にいてもやることないし」というものは含まれていませんか？

社長は言わないだけで、気づいています。

気づいていないと思っているのは、本人だけです。

ですので、経費は最初にかければいいということではなく、使わないことも大切です。

すべてに経費をかけるな、ということではありません。

「お客様との接点の構築」には経費をかけます。

誤解のないように言っておくと、接待交際費ではありません。それは、ただのゴマスリです。上得意客ならまだしも、これからお客様になるかも分からない人に接待しても、お金を無駄にするだけです。

そうではなく、自分の存在を示すための活動費、言い換えれば、「認知の拡張」です。毎月50万円程度であれば、広告を使わずとも稼ぐことは可能ですが、その金額を増やしていきたいとなれば、周知活動にお金を使うことです。そうすることで、稼ぐ金額を毎月50万円以上に増やしていくことができます。

ただ、最初からではなく、儲かってから行なうことです。儲かるかどうかも分からないものに、予算をつぎ込めば、お金を溶かす可能性があります。

まずは、稼ぐスキルを身につけ、売り上げに変えて行くことが大切です。

「自分ビジネス」を始めたら経費を使うことばかり考えるのではなく、**ファーストキャッシュを得ることにフォーカス**してください。経費を使うのはそれからでも遅くありません。

経費はバカでも使うことはできますが、売り上げはバカでは上げることができません。

まずは1人、最初から共同経営はするな！

何十年も会社に勤務すると、チーム戦に慣れてしまいます。もちろん、会社という環境で働く分には、チームで成績を上げることは悪いことではありません。チームでしか戦えない世界というものもあります。

しかし、一歩会社から外に出て、自分でビジネスを始める場合は、その常識を捨てる必要があります。なぜなら、会社と違って、給料の補償があるわけではないからです。

ビジネスを始めようとする人が、見落としがちな大きな過ちが1つあります。

それは、何も形が決まっていない段階で、誰かと一緒にビジネスの立ち上げを考えることです。お客様がいない状態でも、作業分担すればビジネスは立ち上がると幻想をいだいてしまいますが、大半がうまくいかずに喧嘩別れしていきます。

ビジネスは、子供の遊びとは違います。

お金が入ってこなければ、即浮浪者です。

しかし、会社という組織に長くいると、この現実に気づくことができません。

なぜなら、会社の業務は分業で行なっているため、売り上げとは関係なく、働けばお金が入るという習慣が根付いてしまっているからです。

自分でビジネスを持つ場合は、違います。いくら時間をかけようが、一生懸命に作業に取り組もうが、セールスという行為を通じて、お金という対価を受け取ることができなければ、廃業を余儀なくされます。

そうなった場合、共同で行なっていた人とは、責任をなすり付けあうチープな関係となるだけです。これでは、何のために一緒にビジネスを行なうのか分かりません。

では、どうしたらいいのか？

「自分ビジネス」の立ち上げは、不安であっても1人で行なうことです。

なぜなら、ビジネスとは利益を出すのが最大の目的であり、不安を紛らわすために誰かと一緒にやるものではないからです。不安だからという理由で、誰かと一緒にビジネスを行なえば足枷をつけるようなものです。そんなものは、ないほうが楽に走れます。

とはいえ、作業的に自分では厳しいというものが出てきたら、その分野のプロにお金を払い助けてもらうことです。

そこを割り切って考えれば、商品を発売後、売り上げで回収することができます。

しかし、最初からお金をケチり、無料でやる人たちを集めてしまうと、社会人失格者が集まるだけですので、ビジネスが立ち上がることも、その後、ビジネスで成功することもありません。

確実な50万円を手にするためにも、まずは1人でビジネスを立ち上げ、売り上げの上昇と共に人を入れる必要があれば、その時に検討してください。

まずは1円を得ることに、こだわれ！

ビジネスを立ち上げるというと、一言目には事業計画書を作成しなければ、という人がいます。

しかし、あなたが何億円も稼ぐようなビジネスを行ない、銀行から融資を受けるのであれば別ですが、**毎月50万円のビジネスを立ち上げるのに、事業計画書など不要**です。時間の無駄です。

これは、営業する際の提案書なども同じです。事業計画書などなくとも売り上げを出すことはできますし、提案書がなくとも商品を売ることはできます。

要は、これらの書類と呼ばれるものは、勤務時間を消費するためにやっている行為であって、1分1秒ロスすることのできない「自分ビジネス」においては毒でしかありません。「提案書がなくて、どうやって商品を売るの？」と言う人がいますが、あなたには、「口《くち》」という立派な武器がついています。わざわざ紙と時間を無駄にせずとも、口で伝えれば済むことです。そこに、提案書などというものがあるから、読み上げることで精一杯となるのです。

目的は成約を取ることであり、読み上げることではありません。ここを誤解している限り、提案書を最後まで読み上げるだけで、成約に繋がることはありません。提案書の目的は、高い成約に至る流れを忘れないことであって、一言一句読むことではないのです。

事業計画書も同じで、目的なく行なえば、仕事をしている自分に酔いしれるだけで時間を無駄にします。あなたに50万円がやってくることもなく、疲れた自分にビールで乾杯をするだけの人生です。それでも作りたければ、趣味として割り切ってやることです。趣味であれば、お金が入らずとも不満に感じることはありません。

「自分ビジネス」を立ち上げ、毎月50万円という安定収入を得たいと望むのであれば、無駄を省き、**最初の1円を得ることにこだわる**ことです。最初の1円を稼げない人に、その後の100円や1000円。1万円といった金額を稼ぐことは不可能です。

ましてや、それが50万円ともなれば、奇跡と言わざるを得ません。

しかし逆に、最初の1円を稼ぐことさえできれば、あとは上げていくだけです。その金額を100円にし、1000円にし、1万円にする。こんな簡単なことはありません。

最初の1円を稼げる人にとってみれば、1000万円も1億円も数字の違いでしかないからです。

これが、会社でもらう給料との大きな違いです。

会社では、決められた勤務時間を過ごせば、給料をもらうことができますが、「自分ビジネス」では、時間という概念がなく、1円の商品を売ったか、それとも100万円の商品を売ったかの違いでしかありません。

「自分ビジネス」を行なう上で、金額はさほど重要ではないのです。大切なのは、最初の1円です。たとえ1円であっても、信頼がなければお客様はお金を払いません。

もう1つ大切なのは、稼いだ金額だけでなく、人数も意識しておくことです。自分にお金を払う人が多ければ多いほど、あなたは多くの人から信頼されたことになるからです。

その数を増やすためにも、自分の信じている商品をより多くの人に届けるようにしてください。その結果、あなたは、お金という価値を受け取りながら、世の中に笑顔の数を増やしていくことができます。

1人のお客様を獲得するまでは、仕事とは言えない

まず、あなたがやるべきことはただ1つ。1人目のお客様に、商品ないしサービスを売ることです。

どんなに素晴らしいことを言っても価値を届けない限り、人生を変えることなどできませんし、未来を築くこともできないからです。だから、御託《ごたく》を並べる暇があるのであれば、1人のお客様を得ることに専念しなければいけません。

ビジネスをやる上で、1人目のお客様は、たまたま。2人目は、偶然。3人目で、ようやく確信に変わります。これは、誰もが通る道です。

はじめは誰もが不安な気持ちになり、自信が持てないのは自然なことです。しかし、商

品を売っていくうちに徐々に不安は消え、10人を超えるころ、悩んでいたことすら忘れます。ですので、今は何も考えず、「1人目のお客様に商品を売る」ことだけを考えてください。

考え抜いて、これから扱うと決めた商品、それを届けて喜ばれないわけがありません。むしろ、**いい商品であれば、「教えない方が罪」**というものです。

大切なのは、勇気を持って教えてあげることです。

無理に売る必要はありません。

自分が提案する商品を欲しがっている人の前に行き、置けばいいだけです。

そこに、チープな売り文句も、見え透いた関係づくりも不要です。

商品を目の前に置いたら、あとは反応率です。

どんなにいいと思われる商品であっても、全員が買うことはありません。

10人中、1人。ないし、5人中、1人なのかは別としても、必ず、買う人が現れます。

そこに、あなたの感情は必要ありません。あなたが一生懸命にやっているからお客様が買う、ということはないのです。

多少なりとも皆、一生懸命にやっています。それでも売れる人と売れない人がいるのは、一生懸命以外のところで商品は取引されているということです。

だからといって、手を抜けということではありません。

大切なのは、「相手を見る」ことです。

お金を払うお客様というのは、自分の未来を良くするために商品を買っています。ということは、その未来をイメージさせることができれば、お客様はお金を払います。**商品・サービスの先に待っている世界を想像させる**だけでいいのです。

それさえできれば、お客様はあなたが届けた商品を使って未来を変えることができます。こんなに素晴らしいことはありません。それを叶えるためにも、今やるべきことは、売ること以外、仕事ではないと自分に言い聞かせることです。

どんなにいい商品であっても売れなければ、自己満足に終わります。その無駄を避けるためにも、とにかく**売ること以外は、やらない**ことです。売らないと見えてこない世界があります。

このような考えは、今までの会社生活にはなかったかもしれません。しかし、「自分ビジネス」を行なう以上、新しいルールとやり方が必要です。今までの常識を1ミリでも取り入れてしまうと、ビジネスは立ち上がることなく、開店休業を余儀なくされます。こんなに悲しいことはありません。

そうならないために、ここで教えているやり方をすべて信じてください。多少の疑問を感じたとしても、です。あなたが「自分ビジネス」を立ち上げ、毎月50万円という安定収入を得るために必要なことです。

自分ビジネス成功例

特技から2週間で40万円稼いだ海外在住の日本人

私のクライアントに、コロンビア在住の日本人の方がいます。この方とは、私が開催するオンライン講座の受講生の1人として出会いました。

入会した理由を尋ねると、お子さんが一型糖尿病という難病に侵され、ビジネスに支障が出ているといいます。2時間おきに血糖値を測り、インシュリンを投与する生活です。お子さんは、まだ小さいために注射をする度に泣いてしまいます。この姿を見て、気が滅入らない親はいません。奥さんがノイローゼになってしまったのです。

彼は家族を優先し、仕事を断るようになりました。毎月の支出はあれど、収入が入る当てがありません。仕方なく、借金をする羽目に。気づけば、借金は数ヶ月で2000万円にも。しかも、この2000万円で終わりではありません。増え続けていました。これほど、怖いものはありません。

借金の借り入れを止められてしまえば、お子さんは死んでしまいます。これは親にとって非常に辛いことです。

そんな時です。この方が私のオンライン講座に出会ったのは。

この方には、猶予期間があまりありませんでした。何かを勉強してからお金を稼ぐなどという悠長なことをいっている暇がなかったのです。

そこで、日頃話しているスペイン語を音声にまとめ1万4800円で販売してみることにしました。

この時、10万円の広告費をかけました。すると、その10万円が40万円になったのです。この時の感動は、今でも克明に覚えているといいます。

さらに2週間後、同じ教材を少し値上げし、1万9800円で再販することにしました。その結果、今度は120万円という売り上げを生み出すことができたのです。

このように、自分の知識はお金になりますし、プロに頼まずとも無料で音声を録《と》り、個人でも簡単に教材を作れる時代です。

売るやり方さえ学んでしまえば、この方のように海外にいてもビジネスを行なうことができます。自分の知識はお金になるのかを少し考えてみてください。意外なものがお金になるかもしれません。

第5章

「自分ビジネス」を最速でスタートするには

シンプルなビジネスを手掛けろ

前章までで、あなたは基礎的な土台を作ることができました。

もうあなたは、ブレーキを抱えることなく走ることができます。

そもそも成功とはアクセルとブレーキで成り立ち、ブレーキがいらない状態で走ることができれば、ビジネスで稼ぐことは難しいことではありません。

しかし多くの人が、ビジネスを始めても立ち上げることができないのは、間違った概念を持っていたり、自分のステージとは違うことを手掛けてしまうからです。

これでは、努力と無縁に稼ぐことはできないわけですが、ここまでの章をきちんと押さえることができれば、あなたの成功の半分は約束されたも同然です。


ここからは、アクセルについてお話ししていきます。

言い換えれば、毎月50万円のキャッシュを得ていく具体策に入っていきます。

まず1つ目の具体策とは、**「シンプルなビジネスを手掛けろ」**というものです。これは、

50万円を手にする上で、非常に大切な考え方となります。

会社勤めに慣れてしまうと、複雑なことをしなければお金をもらってはいけないという変な常識に縛られがちですが、それは幻想です。早く気づかなければいけません。そこを間違えている限り、「自分ビジネス」を立ち上げても意味のないことに時間を使う羽目となります。

ビジネスは複雑にすればするほど、お金は遠ざかり稼ぐことができなくなります。

お客様は願望を叶えるために商品を買っているにすぎないからです。

だから、複雑に考えるのではなく、シンプルに考えることです。

その上で大切なことは、２つ。

- **お金を得るまでのタームを短く持つこと**
- **関わる人をできるだけ少なくすること**

お金を得るまでのタームを短く持つことについてお話ししていきます。

「自分ビジネス」を行なう上で大切なことは、キャッシュを得るまでの時間です。早ければば早いほどビジネスはシンプルになり、問題を減らすことができます。

その代名詞が、**「仕入れて、売る」という基本モデル**です。

自分がいいなと思う商品を仕入れて、お客様に売る。シンプルなものです。

ここで必要な知識といえば、差益のチェックだけで、複雑なことをやる必要がありません。仕入れもインターネットを使えば、世界中の商品を自宅で検索し、ボタン1つで購入できます。

売る場合も同じで、直接販売すれば、伝票1つで完結させることができます。

このように、お金を得るまでのタームをできるだけ短くすることで、短時間でお金を稼ぐことができるのです。


次に、**「技術を身につけ、提供する」**という変化バージョンです。

いわゆるマッサージやエステなど施術を提供するモデルです。技術を習得し、施術をすればお金を得ることができます。少しの空き時間でお金を稼ぐことができます。

この時、「場所がない」という人がいますが、なければ借りるか、出張すればいいだけです。複雑に考えることはありません。解決策など世の中を見渡せば、どこかに落ちています。

自分で考えて悩む必要はありません。そんな暇があるのであれば、腰痛持ちの友達に声をかけ、その人の家で施術を行なってください。それだけで、あなたは対価として報酬を受け取ることができます。

続いて、関わる人をできるだけ少なくすることについてもお話ししていきます。

ビジネスを複雑にし、お金の流れを阻害する要因の1つに「関わる人数」というものがあります。物販を行なうにしても、ひと昔までは、仕入れに膨大な時間と労力をかける必要がありました。仕入れの流れを見れば一目瞭然です。

製造メーカー→問屋→商社→代理店→小売店

これを見て分かるように、右から左に書類を回すだけの仕事が、昔は主流だったということです。

しかし、今は違います。

インターネットの普及で個人が直接売買を行なったり、大企業が業務を拡大し、製造を自社で行ない始めているので、旧体質は排除される傾向にあります。時代に取り残された業界は、今もなお旧体質にしがみつきながら四苦八苦しています。

今お勤めの会社のように沢山人数がいないとできないようなビジネスの場合、自分1人では管理しきれず、仮に問題が発生したとしても、障害という形で表面化するまでに時間がかかります。当然、その障害を解決するまでにも時間を要することとなり、稼ぐどころの話ではありません。

ビジネスは複雑にすればするほど、キャッシュが舞い込むまでに時間がかかり、お金が途中で消えるということも珍しいことではありません。

たとえば、「横領」です。

今回のテーマとは外れてしまうので割愛しますが、人数が増えるということは、想定外のことも日常的に起き得るということです。

ビジネスを複雑にしないためにも、関わる人数はできるだけ減らすことを意識してください。

商品がなくてもビジネスはできる

さて、「自分ビジネス」の概略は、固まってきていますか？

過去の延長線上でビジネスを考え、リソースを最大限活かせるものです。

それが仕事なのか、プライベートなのかは、どちらでも構いません。今まで**あなたが培ってきたものは、すべてお金になる原石**です。それを見つけたら、あとは形にするだけです。

そして、もう1点。忘れてはいけないのが、**シンプルなビジネス**です。

ここを外して考えてしまうと、お金の流れは見えなくなり、50万円は遠ざかります。これらの項目をきちんと踏まえた上で、どんなビジネスを扱うかを決めることが大切です。

その際、1つだけ伝えておかなければいけないことがあります。

今の時点では、商品はなくても問題はないということです。

むしろ、ないほうが有利ともいえます。

先に商品を作ってしまうと、その商品を買ってくれる人を探しに行かなければいけません。そのほうが大変です。

扱う商品がまだ決まっていないからといって、心配することはありません。商品がなくてもビジネスを行なうことはできます。

次にやるべきことは、お客様を探すことです。

「商品がないのにお客様を探す？　意味が分からない」と言うかもしれませんが、理解できなくて当然です。なぜなら、**会社では作業は教えても、ビジネスを教えることはない**からです。だから、今の時点で理解できなくても、大丈夫です。

1つずつゆっくり解説していきます。

まず、ビジネスを行なう上で大切なことは、商品を作ることではなく、**「お客様を探すこと」**です。しかし、何の指標もなく探すことはできません。

そこで**肝心なのが自分が手掛ける「テーマ」**です。どの分野で旗をあげるかを決めます。

住宅リフォームでいくのか。

保険の代理店でいくのか。

はたまた、コンサルタントでいくのか。


このように扱うテーマをザックリ決めたら、自分と同じ規模の会社を探します。

いわゆる、「ライバル」です。

ただ、このライバルを決める際に、1つだけ注意しなければいけないことがあります。それは、**規模が違えば、同じ業種であってもライバルではない**ということです。ビジネスが下手な人はここを一緒くたに考えますが、規模の違いは販売戦略にも影響し、さらには、顧客へのアプローチやセールスのやり方にも大きな影響を与えます。

これは、大手のやり方を考えれば理解できます。

あなたは、集客をする際に、大手企業が仕掛けるテレビCMを打つことはできますか？やりたい気持ちはあっても、予算を組むことができません。だとしたら、身の丈にあったライバルを見つけ、彼らのお客様を狙うことが大切です。

ライバルから客を奪え！

そうです。

お客様は、「ライバル」の中にいます。

このように言うと、「ライバルのお客を横取りするなんて、道理に反する」と思うかもしれませんが、ビジネスの世界では普通のことです。

1つの会社でしか物を買わない人なんていません。同じ商品を買うにしても、色々なところで買うのがお客様です。お客様は、あなたの奥さんではないのです。

ビジネスの世界で取った取られたの話をしても、意味がありません。取られるのが嫌であれば、**顧客の願望を叶える商品を出し続ける**必要がありますし、それを怠れば、お客様は願望を叶えてくれるライバルのところに行くだけです。

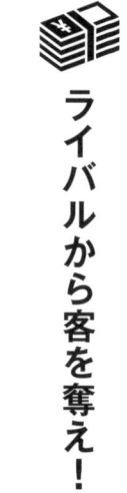

テレビＣＭを見れば分かります。「乗り換えキャンペーン」という企画を打ち立て、ライバル会社に宣戦布告をし、顧客に対し、猛烈アプローチを仕掛けていきます。

これは言い換えれば、「横取り」です。公の電波を使って行なうか、直接、声がけするかの違いはあれど、やっている行為自体は同じです。お客様の横取りは、ビジネスの世界では特別なことではありませんし、モラルに反することもありません。

あなたがお客様の立場で考えれば分かります。1つの商品を1つの場所で、一生使い続けるということはないはずです。

テレビにしても、旅行にしても、マッサージにしてもそうですが、色々な会社の商品を買っています。これが消費者であり、あなた自身です。拘束する権利など、誰にもありません。

取った取られたの話など不毛な争いで、取られない努力をすればいいだけです。

それを叶えているのが、トヨタなどの自動車メーカーです。

あなたも一度は、聞いたことがあるかもしれませんが、「自動車はトヨタ以外乗らん」というようなこだわり派の人たちです。数でいえば少ないかもしれませんが、**相手の願望に寄り添い一緒に成長することで、一生涯のファンを作っている**ということです。

ここまでできる企業は、そうあるものではありませんが、姿勢を見習うことは大切です。

あなたが自分でビジネスを始める際も同じです。1人目のお客様がいないことには始まりません。

どこにいるかも分からないお客様を探しに行くのではなく、同じ規模のライバルを探すことが先です。そこを見つけることができれば、あとはライバルにいるお客様にアプローチするだけです。

どの層を狙うかで、販売単価は決まる

ライバルの顧客を狙う際に注意しなければいけないことがあります。

それは、「顧客層」です。

言い換えれば、「いくらお金を払うお客様がライバルにいるのか?」ということです。このような言い方をすると、下世話だと感じる人もいるかもしれませんが、ビジネスでは大切なことです。

顧客には層があり、**自分の価格帯と異なれば買わない**ものです。低額しか払わないお客様を狙えば、高額を提示したところで無視されます。商品がいい悪いの問題ではありませ

ん。

洋服を例にとり、見ていきます。

1枚3000円を高いと感じる人もいれば、3万円でも安いと感じる人もいます。3000円の洋服であっても、機能は満たしています。安いからといって、片腕だけ縫い忘れたなどということはありません。安くとも品質は優れています。

洋服に限ったことではありません。住宅であれ、温泉旅館であれ、車であれ、機能自体は、満たしているにもかかわらず、価格が10倍以上違うことは珍しくありません。

これが、顧客層の違いです。低額しか使わないお客様がいけないわけではないし、反対に、高額を使うお客様が偉いわけでもありません。

「自分ビジネス」を行ない50万円という金額を早い時点で達成させたい場合、できるだけ単価の高い商品を扱った方が、目標金額をクリアしやすいということになります。

売り上げは、単価の掛け算です。

50万円の商品を扱えば、月1個でクリアです。

しかし、5000円の商品を扱えば、1ヶ月に100個売らなくてはいけません。つまりは、毎日3個というノルマをクリアしなければ50万円を稼ぐことはできないということです。これでは会社にいるようで、嫌気がさします。

会社と違う点は、**扱う商品や単価は自分で決めることができる**ということです。5万円前後の商品を扱えば、月に10個売るだけです。これであれば、何となくいけそうな気がしませんか。

単価が決まったら、同価格帯の商品を扱うライバルを探すことです。

「自分が扱いたい価格帯のライバルがいません。どうすればいいのでしょうか?」という質問をたまに受けますが、その時は、**ライバルの価格に合わせる**ことです。

たとえば、ライバルが30万円という金額でビジネスを行なっているのであれば、30万円の値札をつけることです。そこに、あなたの感情を入れてはいけません。

あなたの怖いという感情は、お客様には関係ないことだからです。

ライバルが30万円であれば、あなたも30万円です。

しかし多くの人は、自分の給料を超えるような金額に慣れていないため、高額を値付けすることができません。自信がないからといって、商品に安い金額をつける傾向がありますが、価値のないクズ商品と誤解されます。

その誤解が、商品を買うお客様のものであれば改善の余地もありますが、買う気もない冷やかし客に悪評を立てられた場合、どうすることもできません。

悪評を立てる客が悪いのではなく、ライバル会社より安い金額を値付けした自分に落ち度があるのです。

金額を安くしていいことなど1つもありませんので**「安くした方が売りやすい」という神話を脳から追い出し、自分の価値をきちんと理解してくれる人だけにアプローチ**してください。

そこさえ間違わなければ、高額に値付けしたところで悪評が立つことはありません。

売るのが先、仕入れは後

あなたが狙うライバルも、お客様の在処も分かったわけですが、商品を実際に売らなければ、お金を得ることはできません。

次のステップでやるべきことは、実際に「商品を売ってみる」ということです。

ただし、注意してほしいことが1つあります。

それは、**「商品は作るな」**ということです。

発明家気質の人が陥る罠でもありますが、売れるか分からないものを手掛け出したら、時間をロスします。世の中には、先人が作ってくれた素晴らしい商品が山のようにあります。それを仕入れてテスト販売すればいいのです。


その際、注意すべきことが、もう1つあります。

「売るのが先で、仕入れは後」です。

あなたの自宅から配送しなければいけないというルールはありません。メーカーから直送すればいいのです。言い換えれば、あなたは販売代理店として、活動を開始するということです。このような制度を使うことで、あなたはリスクなく、ビジネスを始めることができます。


「はじめに大量に作った方が原価も安く済むし、その分、利益が残るのでは？」と言う人がいますが、売れてもいない時点で大量仕入れをするのは命取りとなります。

最終利益が残らなければ、ビジネスは負けです。

それどころか赤字に陥る可能性すらあります。

ビジネスをやった経験のない人は、気づくことができません。しかし、ここを見落とすと、とんでもない痛手を負うことになります。

だから、最初にやるべきことは、大量に仕入れることではなく、売ることです。それも、1個ではなく、3個、5個、10個と数を重ね、売って売って売りまくることです。

月に何個売れたという販売数も出せますし、その数量が数ヶ月にわたり安定しているようであれば、価格交渉を行なうことも、大量仕入れに踏み出すこともできます。

しかし、売れるかも分からない時点で、大量仕入れを行なえば、在庫の山にため息をつくだけです。

その罠にハマらないためにも、はじめは小さくテストを行ない、売れる実感を得ることが大切になります。

ビジネスとは、いい商品を作ったところで売れるということはありません。環境や時代、ライバルの状況や時流など、様々な要素が入り混じり、売れる、売れないが決まります。

ビジネスには実際に販売してみないと分からない部分が隠されています。「これはいい」という曖昧な主観だけで商品の仕入れを行なったり、「原価」という指標だけで判断するのではなく、売れたという確実な数字を持ってビジネスを展開するようにしてください。

そこさえ間違わなければ、あなたは毎月安定した50万円を受け取りながら、沢山の人に商品を届けることができるようになります。

自分ビジネス成功例

開業初月から黒字を出したマッサージ店

この方は、マッサージ店に勤務していました。セールスが得意で、会社でもすぐにトップの成績を出すことができたため、勢いに任せ起業することを決めました。

私と出会ったのは、この頃です。

相談を受けると、開店は1週間後だと言います。これまでの経験もあり、セールスも得意だというので、不安に感じている部分を率直に聞くことにしました。

「あと1週間で開店のようですが、何か心配なことはありますか?」

すると、1つだけ気がかりとなり、不安な部分があると言います。

それは、「集客」です。

これまで集客は会社が行なっていたために、自分で集客したことがありません。そのため、自分でお店を持ったら、集客できるかがすごく心配だというのです。

そこで、私はこの方に聞きました。

「今、考えている集客法は何ですか?」

「スマホサイトを業者にお願いして作ってもらっています」

違和感を感じた私は、角度を変えて再度質問をすることにしました。

「以前、お勤めの会社はスマホからのお客様が多かったのですか?」

すると、意外な答えが返ってきました。

「スマホからの来店は1件もありません。すべて美容専門のポータルサイトからです」

答えながら、この方は「ハッと」気づいたようで、どんどん顔が青ざめていくのが分かります。

私は、急きょ路線を変え、スマホサイトは後回しにして、そのお金を使って美容専門のポータルサイトの参加費にあてるように指示を行ないました。

その結果、この方は初月から黒字を出し、順調な滑り出しで店舗を運営することができたのです。

通常であれば、これでめでたしめでたし、となるわけですが、実は、この事例の裏には、もう1つ仕掛けが隠されていました。

それは、「価格」です。

この方は、自信のなさからか、初回お試し1980円を導入すると言っていましたが、以前勤めていたお店は、8000円の定期券を初回6000円で販売し、新規客にアプローチを仕掛けていたといいます。

この方にも同じ価格で行なうようにアドバイスしました。

価格を下げすぎると顧客層がズレるため、初回お試しは売れても定期券が売れないと判断したからです。

ただ、これだけでは実績あるライバル店に勝つことはできません。

そこで今回は、ライバル店より魅力を増すために、価格を下げるのではなく、かわりに「特典」という付加価値をつけてお得感を演出するようにしました。

その戦略が当たりました。

初月から黒字をたたき出し、投資したお金を回収するだけでなく、その後も一気に店舗を広げることもできるようになりました。

このように、押さえるべきポイントを知っていさえすれば、ビジネスは何も難しいことはありません。

あとは、あなたが一歩踏み出す勇気を持てるかどうかだけです。

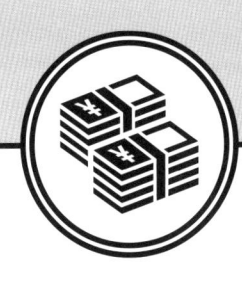

第6章

爆発的売り上げをたたき出す「自分ビジネス」戦略

毎月50万円を確実に手にする「5つのステップ」

ここまでのことをしっかり行なえば、毎月50万円という金額を稼ぐことは可能です。

しかし、人は面白いもので、稼げるようになると、もっと稼ぎたいと考える性質を持っています。

この章では、毎月50万円では満足できないという人のために、ステージを上げる戦略をお伝えしていきます。

そのためにまずやるべきことを、おさらいします。

ここまでのことが理解できていないと、生み出した種を大きく育てていくことはできません。

生まれたばかりの種は、小さくもろい存在です。

その種を壊さず、頑丈なものにするためにも、ここまでをまとめておきましょう。

1つ1つチェックしながら読み進めてください。

その際、順番も大切なので、そこも意識してください。

では、始めていきます。

1. 自分が旗をあげるテーマを決める
2. 同じ規模のライバルを探す
3. ライバルが扱う価格帯を知る
4. 狙うお客様を明確にする
5. 仕入れずテスト販売する

いかがですか？　漏れはありませんか？

この5つのステップは非常に大切です。忘れずに何度も見返すようにしてください。

ここまでを押さえることができたら、次は、この生まれたばかりの種を育てていく作業が必要です。

草木と同じで、種に水をあげなければ枯れるように、ビジネスも放置すれば枯れてしまいます。これでは、大きく育てるどころの話ではありません。

ですので、会社から帰ってきたら、毎日少しで構いませんので、「自分ビジネス」に取り組み、改善を繰り返しながらスキルを上げることに意識を向けてください。

狙う市場を1つに絞れ

次は、いよいよビジネスを拡大していくステージとなります。

この拡大の方法を知っておけば、毎月50万円をキープし安定させることもできます。

ですので、未来永劫ビジネスを安定させ、子や孫の代まで引き継ぐためにも、しっかり学ぶようにしてください。

ビジネス拡大を実現させる考え方は、「市場は沢山ある」ということを知ることです。

多くの人は、このことに気づいていません。そのため商品を作っても、どこに売りに行っていいのか分からず、迷走することになります。

しかし、先ほどのおさらいでも分かったように、あなたのお客様はライバルにいます。これが、ある意味、あなたが戦うべき市場です。

市場とは、ライバルとお客様の溜まり場です。

同じ商品であっても、規模や客層が異なれば、市場は変わります。

だから、テーマを決めた後は、同じ規模のライバルを探し、そのお客様を狙えと言ったのです。

それがインターネットなのか、実店舗なのか、それともテレビショッピングなのかの違いはあれど、異なる市場です。

「釣り堀」をイメージすると分かりやすいかもしれません。

釣り堀は、規模の違う池（市場）があり、そこでお腹を空かせた魚（お客様）が泳いでいます。そこに、釣竿を持った人（販売者）が、餌（商品）を池に垂らして、釣りを楽しんでいます。

まさに、ビジネスと同じ構図です。

魚を釣るのが上手な人は、魚をよく観察し、魚が好む餌を、食いつきやすい位置に配置することでじっと待ち、沢山の魚を釣り上げます。

しかし魚を釣るのが下手な人は、魚のことを一切考えずに、自分の好きな餌をつけ、魚を追うように餌を動かします。これでは、魚は釣れません。

このように、釣りとビジネスは似ています。

釣りを知れば、ビジネスの攻め方も見えてくるということです。

異なる魚が泳いでいる池がいくつかあるとします。

泳ぐ魚が異なれば、餌も異なるし、釣竿も異なります。

当然、釣竿が異なれば、釣り方も異なり、必要なスキルも変わります。

しかしビジネスが下手な人は、商品を基軸にすべて一緒くたに考えてしまうため、お客様に無視されます。

これでは、いつまで経っても、バケツが魚で満たされることはありません。

どうしたら、ビジネス初心者の人であっても、大量の魚を釣り上げることができるのか？

それは、**沢山ある池の中から1つを選択し、その池にいる魚のことを徹底的に調べる**ことです。

売れている商品の「お客様の声」に販売戦略のヒントが

これも「釣り堀」に置き換えると、答えは見えてきます。

まずは、餌です。

魚には好みの餌があります。小エビを食べる魚もいれば、微生物を好む魚もいます。大きな魚になれば、小魚を食べることもあります。

これを無視すると、魚は餌を認識することができず、お腹を空かせたままです。これは、非常にもったいないことです。

お腹を空かせた魚が泳いでいるにもかかわらず、自分勝手な餌をたらすことで、魚は餓死するからです。

だから、あなたが餌（商品）を仕掛ける際は、自分のひとりよがりな餌ではなく、魚が好む餌を選ぶことが大切になってきます。

それを見極めるコツは、**ライバルが既に扱っていて、売れているものを選ぶ**ことです。

売れているということは、言い換えれば、お客様が好んでいる餌でもあるからです。

感覚や主観で選ぶのではなく、数値で判断することが大切です。

これは、内部にツテなどなくとも、ライバルのホームページを見れば、「何万個突破！」というように掲載しているケースもありますので、実際のサイトをチェックしてみてください。


次に見るべき項目は、お客様が感じているフラストレーションです。

言い換えれば、**ライバルに感じている不満**です。

それは、商品の不具合に関することかもしれないし、スタッフの対応に関することかもしれません。

はたまた、決済に関することかもしれないし、アフターケアに関することかもしれません。

お客様が感じる不満は、商品以外にもあるということです。

大切なのは、商品に対する不満だけを調べるのではなく、発生している不満のすべてをリサーチすることです。

「不満はどのように調べるの？」と思うかもしれませんが、ライバルがホームページに公開しているお客様の声を見れば、随所にお宝のエッセンスは隠れています。

この際に注意すべき点は、**自作自演で作られたお客様の声に惑わされないこと**です。やたらと褒めちぎっているものや、テンプレート化された似たような声は、偽造されている可能性があります。

そこさえ見抜くことができれば、ライバルに発生しているフラストレーションを知ることができます。

あるいは、お客様に話を聞ける環境があれば直接聞いたり、業界の人と繋がって噂話を聞くこともできます。

このように、色々な角度でライバルに発生しているフラストレーションを調べることが、販売戦略を考える上で大切な要素となります。

半年前に売れた商品の「穴」を攻めろ

爆発的売り上げを出すためには、どのフラストレーション（欲求不満）を狙うかが成否を分けます。

なぜなら、どんなに大きな会社であったとしても、不満を完全になくすことはできないからです。

不満も販売数に比例して増えていきます。

実はここに、大きなビジネスチャンスが眠っています。

なぜなら、不満の数が多ければ多いほど次の解決策を求め、お客様は移動するからです。

そこを狙うことができれば、あなたは大きな売り上げを一気に上げることができます。

ただ、意識しなければいけないことがあります。

それは、「不満が爆発する時期」です。

あなたにも経験があると思いますが、商品購入後、すぐに不満が発生するということはありません。

商品により多少の前後はありますが、早くて3ヶ月、遅くとも半年です。

お客様が不満を感じるまでに、タイムラグが発生するということです。

このタイミングを逃してしまえば、本来得ることのできるはずの売り上げを失うことになります。

フラストレーションが大きいほど、爆発力も大きいからです。

ライバルから移動してくる人数はもちろん、売り上げ金額の大きさにも多大な影響を与えます。

爆発的な売り上げをたたき出し、一気に人生のステージを上げたいのであれば、ここ3ヶ月から半年の間で、市場の中で大ヒットした商品はないか調べることです。

そこには数多くのお客様が存在し、不満を抱え解決策を模索している人で溢れ返っています。

そのフラストレーションを狙わない手はありません。

なぜなら、フラストレーションとは、導火線のような存在だからです。

入口を見つけて着火すれば、そのイライラは爆発し、大きな花火を打ち上げることができます。

それが、半年間かけて溜まりに溜まったフラストレーションの破壊力です。

コンセプトは「8割既存、2割新規」

しかし、このフラストレーションは、誰かが着火しなければ爆発することはありません。

遠くから眺めていても、何かが起きるということはありません。

フラストレーションを爆発させる仕掛けは必要です。

それが、「コンセプト」です。

人間でいうと「チャームポイント」です。

このチャームポイントは選ぶ人で変わり、これといった正解がありません。ある意味、全部正解であり、全部不正解です。

その証拠に、「あなたのチャームポイントは、何ですか？」と言われて、正解を出すことはできません。

あなたの長所は、他人から見たら短所になることもあり得るからです。

逆もしかりで、あなたが感じる自分の短所は、他人から見たら長所になることも珍しくありません。

しかしビジネスの場合、このように曖昧なものではなく、数字で表すことができます。コンセプトが当たれば売り上げは爆発的に上昇しますが、外せば売り上げどころか赤字に転落です。

それだけビジネスの世界でコンセプトというのは重要で、売り上げに直結します。正しいコンセプトの作り方を知らないと、時間をかけても外すことになります。その無駄を避けるためにも、次に正しいコンセプトの作り方をお話しします。

まずコンセプトを考える際、注意すべきことは、**「100%新しいものを考えてはいけない」**ということです。

理由は、2つあります。

- **お客様がイメージできない**
- **商品を買う文化がない**

コンセプトというのは、言い換えれば「入口」です。

その「入口」を斬新にすればするほど、お客様はイメージすることができず、ソッポを向くことになります。

これは、原始時代に行って、スマホを見せるようなものです。確かに斬新です。

しかし、イメージできないものを見せても、価値を感じることはなくゴミとして扱われかねず、せっかく考えたコンセプトも日の目を見ることはありません。

ビジネスを行なっていると、集客は上手くいっても、商品が売れないということがあります。

これは、**「コンセプトは集客側と商品側の双方にある」**ということを知らない人が犯してしまう過ちです。

コンセプトを外してしまう人は、商品を買う文化のない人に向けてアプローチしてしまうため、興味を持たせることができても、買わせることができません。

これでは、広告費がかかるだけで、赤字を喰らってしまいます。

では、どのような視点に立ちコンセプトを考えれば、起爆剤として役目を果たせるのか？

それは、「配分」が成否を分けます。

コンセプトを外す人は、今までにない斬新なコンセプトを考える傾向にありますが、それは、ビジネスではなく、ギャンブルです。

クリエイター気取りの勘違い野郎は、お金が発生しているという感覚がなく、やりたい放題です。これでは、コンセプトを当てることはできません。

では、どのような視点を持てば、コンセプトを妄想に変えることなく、ビジネスに変えることができるのか。

それは、**「既存は8割。新規が2割」**という配分を意識することです。

この視点と配分が、あなたのコンセプトを妄想に変えることなく、キャッシュをもたらす起爆剤の役目を果たしてくれます。

詳しく見ていきます。

先ほど、大ブレイクを呼び起こしたければ、半年前、市場の中で大ヒットした商品を調べるように言いましたが、これが既存8割の部分にあたります。

しかし、このままだとフラストレーションを再来させるだけで、悪印象を与えかねません。

そこで出てくるのが、新規2割の部分です。

この2割のエッセンスが、新しいコンセプトを生み出し、その結果、斬新という評価に繋がります。

コンセプトは大きく変える必要などなく、少しの違いを見せることができれば、想像領域の中から逸脱することなく、違いを理解してもらうことができるからです。

とはいえ、その2割は何でもいいということではありません。

この2割の選定が、ある意味コンセプトメイク（作り方）のカギになります。

だからこそ、コンセプトメイクには時間をかける必要がありますし、その価値は十分にあります。

そのために必要なものは、「素材」です。

この素材なく、コンセプトを考えれば、これまたギャンブルになります。

それを避けるためにも、素材を生かしたコンセプトメイクを行なわなければいけないのです。

素材とは、ほかならぬライバルに起きているフラストレーションであり、彼らに対して発生したイライラです。

それを解決することができれば、お客様はあなたの元に列を作ります。

その入口となるのが、コンセプトです。

具体的にイメージしていただくため、いくつかの不満と解決策を見ていきます。

- サポート窓口がない→24時間365日、そばに寄り添う安心フルサポート
- 技術はマスターした、でも顧客が取れない→知識を無駄にしない集客法
- 3ヶ月で痩せた、けどハゲた→無理なく痩せるハゲないダイエット

このように不満をベースに解決策を打ち出せば、コンセプトを導き出すことは簡単です。

たとえるなら、テストで答えを見ながらカンニングするようなものです。

しかし、不満素材なしにコンセプトを考えれば、ゴールのない出口に向かい手探りを始

めなければいけません。

これでビジネスを当てるのは至難の技です。


多くの人はコンセプトを作るのは難しいと言います。

しかし、何事にもやり方というものがあります。

そのやり方を知っている人は、お金になるコンセプトをどんどん作ることができますが、知らない人は、膨大な時間を費やしたところで、コンセプトを作ることができません。


当て勘でコンセプトを考える暇があるのであれば、その時間をライバル調査にあててください。

なぜなら**「売れるコンセプトとは、ライバルがまだ満たせていない欲を埋める作業」**でもあるからです。

そこで発生している一番のフラストレーションを導き出すことができれば、そこに鉄杭を突き刺すだけで、今までにない大爆発を市場の中で起こすことができます。

これが、コンセプトメイクであり、結果、あなたの独自性になります。

あとは、この**解決策を一言で伝わる形に変換すれば、コンセプトの完成**です。

自分ビジネス成功例

子供の受験がきっかけで人生を変えた主婦

私のクライアントには主婦の方もいます。

お子さんの手が離れ、自分の時間を少し持てるようになると、何か自分でもやってみたいと思うようになるのが、40代前後になります。

しかし、これまで子育てに一生懸命になり、しばらく社会から離れていたため、自信が持てなくなっているのもこの年代の特徴です。

この方も例外ではありませんでした。

何かやりたいけど、20年近く社会と離れていたため、「自分なんかが」と考えてしまっていたのです。

やりたい気持ちはあるけど、勇気の持てない自分もいる。

そんな悶々とした日々が続いていました。

そんな時、私と出会います。

この方の経験を聞き、乗り越えたことや喜ばれたことをヒヤリングしました。

すると、面白いことを話し始めたのです。

受験の時、子供にマッサージを行なったら、合格したというのです。

詳しく話を聞くと、受験の時期は、子供も寝ずに勉強を行なうので、肉体だけでなく精神的にも疲れるといいます。その辛い時期を、この方は子供の体をケアすることで乗り越えたといいます。

受験の辛さは、お子さんだけではありません。受験を支える親も同じです。

夜食を運び、気遣いをする。手伝えることは、何でもしてあげたいという親心が自身を追い詰めます。

当然、親の体も強張りガチガチとなります。

これでは、親も子も受験を乗り切ることなどできません。

そこで、この方は自分の経験をもとに「受験マッサージ」をサービス展開することにしました。

身近な友達に声をかけ、受験生に向けた親子マッサージを始めたのです。

これが当たりました。

日頃、マッサージに行かない人でも受験中はさすがに辛いと感じたのでしょう。体をほぐしてほしいと言い出したのです。お子さんを施術してもらった後に、親自身も受ける。とてもいい息抜きになります。

しかも、この方はお宅訪問の出張型でマッサージを行なっていたので、お互いリラックスすることができます。

さらに、この受験マッサージのいいところは、通常の価格より高く設定できるということです。

なぜならマッサージを行なう目的が、ただのリラックスではなく、「受験を支える総合ケア」だからです。

このように自分の経験を生かして、ビジネスにすることは難しいことではありません。

「継続して売れる1つの商品」といかに早く出会うか

ここまでの方法を知ることで、月50万円ではなく、月100万円、月500万円、月1000万円と収益を上げていくことができるようになるわけですが、ビジネスの難しいところは、稼ぐことではなく、稼ぎ続けることです。

しかし、多くの人は、単発で稼げたとしても、稼ぎ続けることができません。

これでは、せっかく立ち上げたビジネスが無駄になってしまいます。

無駄を生み出さないためにも、継続させる秘密を知っておく必要があります。

なぜなら、この秘密は**50万円という金額を毎月確約し、あなたの元に運ぶ**役目となるからです。

その秘密とは、一体何か？

それは、「売れる1つの商品にいかに早く出会えるか」ということです。

世の中で成功している会社を見れば、この共通点があることに気づきます。

どの会社も、会社を支えるメイン商品があります。しかし、その商品に出会うのは簡単なことではありません。

年間、何百億円と稼ぐ企業であっても、すべての商品がバカ売れすることはありません。100個中、1~2個あれば、御の字といったところです。それ以外は、利益が出ていたとしても金額的には微々たるものです。

やるべきことは1つ。

売れる大ヒット商品に早く出会うことです。

大ヒット商品にさえ出会うことができれば、子や孫の代に引き継ぐことができます。

結局のところ、世の中で大成功を収めている会社というのは、商品の数を沢山打っています。それが、100なのか1000なのかは別としても、膨大な数の中からお宝を発見しています。

だから、あなたもお宝に出会うために数を打つことも忘れないでください。必ずその中には、財宝レベルのお宝が埋まっています。

その過程として、毎月50万円を生み出す商品を扱えばいいのです。

今回お伝えしているようなステップで正しく「自分ビジネス」を行なえば、簡単に稼ぐことができます。なぜなら、ビジネスとは特別なものではなく、誰もが手掛けることができるものだからです。

第7章

限られた時間を
お金に変える
「自分ビジネス」構築法

引退しても収益を生み続ける「形」を作る

いよいよ、最終章となります。

ここまでの教えを実行することができれば、毎月50万円を安定的に稼げるようになります。

前章でお伝えしたように、ビジネスは、稼ぐこと以上に、稼ぎ続けることが大切です。

だからといって、永遠に現場に立ち続けることはできません。

もしあなたが50歳だとしたら、この先、10年程度であれば頑張ることができても、それ以上となると、年齢的に難しいかもしれません。

この章では、あなたが現場から離れても、生涯収益を生み出してくれる仕組みについてお話ししていきます。

まず、仕組みを構築する上で、大切な考え方があります。

それは社長の仕事は、「作業ではない」ということを知ることです。

作業は、アルバイトの仕事であって、あなたの仕事ではありません。

このはじめの部分を間違えてしまうと、作業に追われる日々を死ぬまで続けることになります。

その典型が、フリーランスになるわけですが、人間、終わりのないレースを走り続けることはできません。年齢を重ねれば、肉体的にも精神的にも限界を迎えます。

それを回避してくれるのが、「仕組み」です。

仕組みを構築することさえできれば、あなたは作業から解放されます。

その結果、あなたが、この先60歳になろうと、70歳になろうと、80歳、90歳、１００歳になろうと、ビジネスという世界で輝き続け、毎月安定した50万円という金額を稼いでいくことが可能となります。


そのために、やるべきことは、**「売れる形」を作る**ことです。

- **仕入れ方法**（どこから仕入れて、いくらで買うのか）
- **集客方法**（どの媒体に出して、何を打ち出すのか）

・**セールス方法**（どのような形態で販売し、何を話すのか）
・**決済方法**（どのように案内し、いつ回収するのか）
・**サポート**（どのように納品し、アフターケアはどうするのか）

このように、「売れる形」を最初の段階で作ることができれば、作業は他人に任せることができます。

今日入ったばかりのパートであれ、臨時雇いのアルバイトであれ、形が決まっていれば作業はできます。あなたがやらずとも、お客様に価値を届け、対価を受け取ることができます。

その一例が、チェーン展開している店舗です。

コンビニであれ、ファストフードであれ、ラーメン店であれ、マニュアルを作ることで誰でも再現することができます。

これが、「売れる形」です。

「売れる形」がなければ、他人に作業を任せることができません。

いわゆる、職人と呼ばれる人たちがこれにあたります。

たとえば、高級料亭などで見かける光景ですが、オーナー料理長が味を他人に伝承することができないために、一生現場を離れることができません。

結果、引退とともに閉店を余儀なくされるところも珍しくありません。

これでは、ビジネスを安定させることはできません。店主が倒れたら一巻の終わりです。

だからと言って、すべてマニュアルにすればいいということではありません。

「舌が判断する味」という文化も大切です。

しかし、人間の寿命は決まっています。その寿命に、ビジネスを預けてしまえば、必然的に会社をたたむ時期は決まります。

だから多くの会社は、後継者問題に頭を抱えるわけですが、「売れる形」を明確にすることで、引き継ぐことも、業務を切り離し任せることも可能となります。

業務細分化で乗っ取りを防ぐ

その際のコツは、１つ１つの作業をできるだけ細分化することです。

なぜなら、人の能力はまちまちで、はじめからミスなくできる人はいないからです。

ミスをできるだけ減らすためにも、1つ1つの業務を細かくすることが大切です。


分かりやすくたとえるなら、お弁当です。


お弁当を仕上げるのに、1人の作業員で行なえば、おかずの入れ忘れは必然的に起きてしまいます。

お弁当の数が1個であれば可能性は低くても、それが100個となれば、ミスは確実に起きます。それを考慮した状態で形を考えなければ、仕組みとは呼びません。

自分が当たり前にできるから大丈夫、と思うのは傲慢な考えです。

仕組みとは、あらゆることを想定しながら、ミスを起こさない形で構築しなければいけないのです。


では、今回のケースの場合、どのような視点を持てば、ミスを最小限に抑えることができるのか？

それは、**「担当を決める」**ことです。

卵の係や白米の係など担当を決めることで、ミスを最小限に防ぐことができます。

その人は、毎日、毎日、毎日、「卵だけ」を入れ続けるのです。当然、入れ忘れれば、すぐに気づくことができます。

同じことを続ければ、その速度は神がかり、人間とは思えないレベルに達することも可能です。

このように、1つのことを**細分化すればするほど、ミスは減り、専門性を上げる**ことができます。


細分化するメリットがあります。

それは、**「乗っ取り防止」**です。

ビジネスは、シンプルにすればするほど、真似される可能性が高まります。

これはライバルだけでなく、社員や業務委託も例外ではありません。

すべての流れが見えれば、自分でやってみようと考える人が出てくるものです。

たとえば、美容院です。

カットやパートといった技術以外に、そこに来店するお客様の流れや新規客の獲得方法まで分かってしまえば、お客様を引き連れ独立することができます。

店舗などなくともお客様さえいれば、お金を稼ぐことができるからです。

しかし、業務をできるだけ細分化し、すべての流れを分断することができれば、独立されることも、乗っ取られることもありません。


これは、美容院に限ったことではありません。

これからあなたが手掛ける「自分ビジネス」も同じです。

仕入れと販売を同じ人に任せてしまえば、あなたが間にいなくても稼ぐことができてしまいます。

そうなった場合、何もしないあなたを挟む理由などありません。

自分で仕入れたものをそのまま販売すれば、あなたにマージンを取られることもなく、利益のすべてを得ることができるからです。

しかし、業務を細分化し、仕入れと販売を分けてしまえば、乗っ取られることはありません。

仕入れ担当は、商品を仕入れることはできたとしても、販売することができないからです。

逆もしかりで、販売担当は商品を売ることはできても、仕入れることができないのです。

このように、それぞれブラックボックスを設けることで、独立心を阻害し、業務として作業を行なわせることができます。

はじめからアルバイトは雇うな！　作業は外部に委託しろ

仕組みを作ることは大切だということは理解できたと思いますが、はじめからアルバイトを雇う必要はありません。

何事にも正当な手順とやり方があり、そのステップを間違えると、利益を残すことはできません。

しかし、正しいやり方を仕組みの中に入れ込むことができれば、現場を離れても、安定した収益を上げることは可能です。

それを叶えるための策と手順をお話ししていきます。

「自分ビジネス」ではいきなり人を雇わず、**「外注」を上手に使う**ことです。

外注を使うメリットは２つです。

・教育が不要
・専門家としてプロの仕事をする

いきなり社員やアルバイトを雇う人は、この教育という概念がありません。

どんなに優れた人が入ってこようとも、教育なしにビジネスを行なうことはできませんし、業務の引き継ぎは、最低限行なう必要があります。

さらに言えば、仕事ができる優秀な人が面接でやってくることは、まずありません。

なぜなら、仕事ができる人は、転職するにしても人づてでやってくるからです。

アルバイト情報誌に求人情報を載せたところで、いい人に出会う確率は万に一つあればいいほうです。

そんなところに時間とお金をさく暇があるのであれば、自分の仕事をした方が稼ぐことができます。


サラリーマン経験が長いと、この感覚は奪われがちですが、時間は有限です。同じ時間を過ごすにしても、何をするかによって、稼ぐ金額は決まります。

1時間を稼ぐことに使えば、その1時間が30万円になることもあります。

しかし、同じ1時間を教育にさいてしまえば、30万円どころか、時給分、利益を減らすことになります。

もちろん、あなたが将来的に大きなビジネスを構築していきたいというのであれば、教育に時間をさくのもアリですが、それは今ではありません。

もっとビジネスが安定し、毎月安定した金額を手にするまでは、無駄に時間をさいている暇はありません。


その点、外注を使えば、その教育は相手の会社に任せられます。

あなたの時間やお金をかけずとも、即戦力として使える状態に教育してくれます。その分、手数料は高いかもしれませんが、教育にかかる経費を考えたら、かなりお得です。

そして、外注を使うもう1つのメリットは、専門家としてプロの仕事をしてくれるということです。納期はもちろん、品質管理など、自分では気づくことのできない細かい配慮まで行なってくれます。

ただ、外注のすべてが、いいところばかりではありません。

素晴らしい会社や人に出会えれば、ビジネスを後押しする応援団となりますが、最悪なところに出会えば、足を引っ張るだけの頭の痛い存在となります。

では、どのような視点を持てば、パートナーと呼べるいい外注に出会うことができるのか？

それは、小さくテストし、実務に触れてみることです。

たとえば、ホームページの作成をお願いする場合、いきなりホームページの立ち上げをお願いするのではなく、簡単なバナーなどの素材を発注します。

そこでチェックするのは、デザインだけでなく、やり取りや納期など、すべてです。デザインがカッコよくとも、納期が遅れたり、やり取りにストレスを感じるようであれば、ビジネスに支障をきたしてしまうからです。

外注を決める際は、はじめから1社に絞るのではなく、いくつかの候補の中からベストパートナーを選別することが得策となります。

この作業は、一見、無駄に見えるかもしれませんが、その後、生み出すお金や損失のことを考えると、時間をさくだけの価値は十分にあります。

なぜなら、外部パートナーは、強力な1つのリソースにもなり得るものだからです。

広告を味方につけて集客を爆発的に増やす

ここまできたら、ビジネスは確立されつつあります。

作業は、あなたの手を離れ、業務をせずとも、お金を得ることができます。

いわゆる「自動化」と呼ばれるものです。

ただ、自動化を叶える上で、1つ見落としてはいけないことがあります。

それは、「集客」です。

集客を、自力で行なっている間は、時間から解放されることはなく、常にお客を追う人生から抜け出すことはできません。

しかし、この集客の部分を自動化することができれば、あなたの労力は10分の1となり、売り上げを10倍に変えることもできます。

売り上げは、集客数に比例するからです。


これは、数字を見れば理解できます。

集客した人数が1人であれば、最高に売れても1人ですが、売れなければゼロです。

しかし、その集客数が10人となれば、全員は買わずとも、そのうち何人かが商品を買う可能性があります。

ということは、集客する人数を多く集めることができれば、売り上げを青天井にすることができます。

それだけ、この集客というのは売り上げに大きな影響を与える存在となるわけですが、自力でやっていたら、いくらも集まりません。

そこで出てくるのが、「広告」です。

この広告を上手に使い、味方につけることができれば、あなたのビジネスは自動化を叶えつつ、爆発的な売り上げをもたらすこと、間違いなしです。

広告を味方につける場合、1つ条件があります。

それは、**「反応率を知る」**ことです。

この反応率なくして、広告を行なえば、赤字を喰らうことになります。

広告とは魔法ではなく、拡散させる道具にすぎないからです。

ダメなものを拡散したところで、広告費を無駄にするだけですが、**反応の取れるものを拡散すれば、倍々ゲームで売り上げを上げる**ことができます。

このように広告とは、味方につければ、最強武器となりますが、使い方を間違えれば、容赦なくあなたから資産を奪う存在となりますので、常に緊張感を持って接するようにしてください。
そこさえ間違えなければ、広告もあなたを応援するリソースの1つになります。

自分ビジネス成功例

自分の死に直面したことで出会った健康ビジネス

私のクライアントの1人に関西でエステを行なっている人がいます。

この方がビジネスに出会ったのは、病気がきっかけです。

40歳を越えたころ、ガンが発覚しました。検査結果を知らされた時は、一気に血の気が引いたといいます。

大切な家族を残して、自分は死んでしまうのか。怖さと恐怖、絶望感のすべてが一気に押し寄せました。

しかし、幸いだったのは、早期発見が功を奏して、ガン細胞を摘出することができたことです。

その結果、命を繋ぐことができたのです。

この時、家族の大切さを知るとともに、死について考えるようになったといいます。

「今度は、私が家族の健康と幸せを守りたい」

その一心で、体内毒素について学び、エステの技術を習得することにしました。

はじめは、自分と家族の健康のためでした。2人の子供、旦那さんや親御さんなど、大切に思う人の体をケアしました。

想像していた以上に喜ばれ、自分の存在価値を再認識することができました。

このことが勇気となり、大切な友人にもやってあげたいと思うようになりました。身近な友人に声をかけ、友達価格でエステを提供することを始めます。

すると、仲の良かった友人の何名かが、自分の友達にも紹介したいと言い出すようになったのです。

もちろん、自分のエステが広がるのは嬉しいことなので、友人以外にもエステを提供するようになりました。

自宅の一室をエステルームに改造し、自宅エステのスタートです。

ここまでは小さいながらも順調だったので、自宅エステを本格的に始めてもすぐに上手くいくと思い込んでいました。

しかし、オープン当日、ビジネスの厳しさを目の当たりにします。

新規客が、やって来ません。ショックを受けました。

自分の技術を提供し、喜ばれることを行なっていれば報われると思っていたからです。

現実は甘くありませんでした。

そこで、彼女は考えました。今の自分に足りていないのは、エステの技術ではなく集客力だと。

このことがきっかけで、私はこの方と出会いました。

私は、集客とセールスを教えると共にビジネス全般を教えました。

それからです。

一気に新規客を獲得し、友達に提供していた頃と比べ、10倍の売り上げを築くことができました。さらに今では、関西の地元以外にも東京にお店を構え、関東と関西を往復する生活を送ることができたといいます。

顧客の願望と悩みにフォーカスする

さて、あなたの元には、お客様が訪れるようになりました。

しかし、そのお客様を放置すれば、お客様は黙ってライバルの誘いに身を委ねてしまいます。

せっかく広告で沢山のお客様を集めたとしても、端から奪われていたら元も子もありません。

なぜなら、**新規客は、既存客の7倍のコストがかかる**からです。

早い段階で、新規を既存に変え、次の商品を買ってもらうか、リピートさせるかしなければ、あなたはいつまで経っても、裕福になることはできません。

では、どうしたら新規を既存に変え、永遠無敵のビジネスを行なうことができるのか？

それは、**既存客が持つ次の願望、または、悩みにフォーカスする**ことです。

そこを押さえることができれば、顧客と継続的に付き合うことができ、仮にライバルが茶々を入れてきたとしても、跳ね返すことができます。

お客様の願望や不満や悩みは、ブラックホールのように深く、終わりを迎えることはないからです。


とはいえ、何の指標もなくビジネスを行なえば、失敗する可能性があります。

そこで今から、願望を押さえた100%失敗しないビジネス構築法をお話ししていきます。

その方法とは、**「入口の商品をベースに連鎖を起こす」**やり方です。

要は、はじめに買った商品を100%とすれば、その商品を120%、150%にするためには何を提供すればいいのかを想像してみることです。


事例をあげて解説していきます。

私は以前、仕事でフランスに行く機会がありました。

海外で収録を行なうためです。

その日の収録は予定より早く終わったので、オイスター専門店に立ち寄ることにしました。そこでは、獲れたてのオイスターをはじめ、数多くの海産物が所狭しと並んでいます。

私はオイスターが好きなので、食べ比べをするために、各地のオイスターを注文することにしました。大きいものから小さいものまで様々です。

注文を待っていると、何だか外が賑わいはじめました。

店の外を見ると、5～6人の集団が、お店に立ち寄り、オイスターを大量に買い込んでいます。

これから、自宅でパーティーをするようです。

その光景をしばらく眺めていると、店主らしき人が、数本のワインをケースに入れて運んできました。

耳をすますと、「このオイスターには、このワインが最高だよ」とそれぞれのオイスターに合うワインを勧めています。

当然、そのお店は、安売りのリカーショップではないので、メニューに載っている通常価格です。

にもかかわらず、彼らの1人がこう答えます。

「それ全部、お願い」

「他にオススメはある？」

慌てたその店主は、今度は大量のレモンと粗塩を持って、彼にこう言います。

「このレモンと粗塩のベストマッチはシビれるよ」

すると、また彼は、

「ＯＫ。それも全部ちょうだい」

当然これだけ買えば、彼らは全員、両手一杯に袋を抱えています。そして大満足で店をあとにしていきました。


あなたは、この光景を見て、どのように感じますか？

・道楽の金持ちのやることは理解できない
・オイスター専門店でワインを売るなど邪道

いかがですか？

このような視点でしか見られない人は、残念ながらビジネスセンスゼロです。

なぜなら、この両者は共に喜んでいるからです。

考えてみてください。

今回、お店に来た彼らの目的は、美味しいオイスターとワインを楽しみながら、自宅でパーティーを行なうことです。

ということは、そこでワインを店主が勧めなければ、彼らはまたタクシーに乗り、どこにあるか分からないリカーショップに行かなければいけないのです。

そうなれば当然、タクシー代だけでなく、大切なパーティーの時間もロスすることになります。

また、リカーショップに無事辿り着けたところで、ベストマッチのワインに出会えるかは疑問です。

なぜなら、オイスターの産地まで熟知した海産物の専門家が、リカーショップにはいないからです。

ワインの選択をミスすることで、せっかくのオイスターが美味しくなくなるかもしれません。これでは、楽しいはずのパーティーが台無しです。

このようなことを想像できない人は、お金を優先するあまり、損失に気づくことができません。

お金をケチるということは、多かれ少なかれ、何かを失っているということです。

商品を扱う販売者は、商品ではなく、顧客の願望にフォーカスしなければいけないのです。

このような視点を持つことができれば、あなたは何を提案し、何をラインナップすればいいかが見えてくるはずです。

それを怠れば、お客はライバルに奪われます。

お客は人生を良くするために商品というアイテムを買っているにすぎないからです。

しかも、今回のケースのように、そのアイテムは1つではなく、願望に対し様々な商品を手にしているかもしれないのです。

そこに気づかない限り、お客はあなたの元から離れます。

それを避けるためにも、商品に固執するのではなく、お客の願望に寄り添い、一緒に叶えることが大切です。

自分ビジネス成功例

大企業の真似をやめ、安売りから脱却したリフォーム店

街を見渡せば、大手企業の広告戦略が蔓延し、それを正解と錯覚している人も多くいます。

私のクライアントも以前は例外ではありませんでした。

この方は地方でリフォーム業を営み、地域密着型でビジネスを行なっていましたが、広告宣伝だけは大手企業の真似事をしていました。目玉商品を安売りし、一番目立つ場所にお値打ち価格を打ち出し、さらに地域最安値をデカデカと表示するチラシで集客していました。

そんな戦略を何年も続けてきたといいます。

しかし近年、インターネットの普及からか売り上げが一気に落ち込み、広告からの集客が完全に止まってしまったのです。値段をさらに下げてもお客様からの問い合わせはなく、モニターを募集してもなしのつぶて、何をやっても反応がなく、仕入れ先への支払いの恐怖に怯える日々を過ごしていました。

そんな中、私とたまたま出会う機会があり、アドバイスを開始することになりました。

私がまずはじめに行なったのは、これまでの顧客がどのような商品をオーダーし、何が一番の収益源となっていたかを調べてもらうことでした。

すると、意外や意外。目玉にしていた安い商品ではなく、1000万円を超える高額リフォームが売れていたのです。

その例をいくつかご紹介します。

- リビングを1階から2階へ移動
- 住居内にエレベーターを設置
- 二世帯にする増設工事

こうした、リフォームの中でもかなりボリュームのある大型の工事が収益の主軸となっていたのです。

これには、この社長も驚きを隠せない様子でした。大手がやっているような安売り広告を真似したほうが、お客を取れると信じていたからです。

そこで私は、次のようにアドバイスをしました。

「広告によって安い仕事を依頼してくるお客様のことは、この機会に忘れてください。その代わり、高額リフォームに繋がっている顧客の情報を集約し、戦略を再設計しましょう」

結果、分かったことが1つありました。

それは、お客様が反応していた「広告の内容」の部分です。

社長は、お客様はチラシの安い商品に反応していたと思っていましたが、実際にお客様になった人が見ていた視点は、そこではありませんでした。顧客が見ていたのは、チラシに掲載していた社長さんの人柄が伝わるコラムだったのです。顧客はこのコラムに共感して、仕事をオーダーしていたことが分かりました。

しかし、不景気の煽りで、安売りを強調するためチラシ上では価格を大きくし、大切な社長のコラムを外してしまっていたのです。これではオーダーが止まるのは当然です。

大手企業に価格で真っ向勝負で、勝つことなどできません。

そこで、注力するポイントを変更、社長のコラムを全面に出すチラシに戻しました。

その結果、以前より高額リフォームを注文する人が急増し、地域で業界ナンバーワンに返り咲くことができました。

ビジネスとは、大手の戦略を真似すれば勝てるということではなく、会社の規模や業界によってそれぞれのやり方があり、顧客に受け入れられるポイントは違います。

今回は、社長のパーソナルな部分が評価され受け入れられましたが、単にパーソナルな部分を真似すればいいということではありません。

大手企業に発生しているお客様のフラストレーション、「値段は安いが、本当に信頼していいのか不安」な気持ちがあったからこそ、社長のパーソナルな部分を評価され、「ここなら安心して任せられそう」ということで受注につながっていたといいます。

あなたもお客様からの評価を受けたければ、販売手法に惑わされるのではなく、大手企業に起きているフラストレーションとなっている穴を狙うようにしてください。

それだけであなたの会社は評価され、お客様に困ることはなくなります。

ちなみに、この店に来るお客様は、年に6回配布しているチラシのすべてを持参し、受注を決めてくれるといいます。そのため、セールスは一切必要ないといいます。

どうやらこのチラシは、社長さんの分身として働いているようです。

おわりに

50歳くらいになると、必然的に残りの寿命を意識するようになります。

寿命が現代医学で延びているとはいえ、定年目前となると、これまでの自分をふり返るようになります。やってきた仕事であったり、やり残した夢など、人によって様々です。

本当に自分の人生、このまま終わりを迎えていいのか？

もう一花咲かせることはできないのか？

肉体的にも十分やれるし、若い人には負けない経験がある。

でも、何かをやれと言われたら、自分には何ができるのか？

ましてや、この年齢から会社を辞めて、いきなり起業というのは、ちょっと無理があるかも。

ただ、人生これで終わりと言われたら、諦めきれない自分もいる。


あなたも同じではないでしょうか？

しかし、今動き出さなければ後悔するのは、自分です。

今であれば、時間的にも肉体的にも十分間に合いますが、これが、定年を迎え、70歳目前になったら、可能性は大きく減少します。

余生を過ごすことで精一杯で、とても他人のことなど心配する余裕はなく、ビジネスどころの話ではありません。


このまま会社という制度に縛られたままだと、本当の自分を見失うことになります。

やりたいことがあったとしても、我慢するだけの人生で終わってしまいます。

それで本当にいいのでしょうか？

もちろん、いいわけありません。

だとしたら、もう一花咲かせるためにも、勇気を持つことが大切です。

あなたの背中を、子供は言わずとも見ています。

人生を諦める背中、人生に立ち向かい挑戦する背中。どちらも見ています。

自分の子供に、「人生好きなことをしろ」と自信を持って言うことはできますか？

もし、発言に詰まるとしたら、どこか後ろめたい気持ちがあるからです。

考えてください。自分の大切な子供が、やりたいことができずに、諦めているとしたら、どのように感じますか？

悲しくて涙が出ます。

これは、あなたのお子さんも同じです。

自分のお父さんやお母さんが、本当はやりたいことがあるのに、諦めているとしたら悲しく感じます。

親として一番やってはいけないことです。

だから、子供の未来を潰さないためにも、まずは、あなたが見本にならなければいけないのです。

そのきっかけを与えてくれるのが、「自分ビジネス」であり、今後、あなたが生きる道です。

そんなあなたを応援するために最後、プレゼントしたい言葉があります。

私の先生にあたる方からいただいたもので、今でも未来を築くために指標にしている、大切なものです。

それを今回は、あなたに贈ります。

寿命が永遠にあると思って、壮大な夢を描きなさい。

そして明日死ぬと思って、今日を精一杯に生きなさい。


私は、この言葉を聞いた瞬間、衝撃を受けました。

どこか未来の可能性に蓋をしていた自分がいたからです。

しかし、この言葉を聞き、こんな自分でも大きなことができるのではないかと思えるようになりました。

あなたも同じはずです。

自分の可能性は、ここで終わりだなんて思っていないはずです。

だとしたら、踏み出してください。

その背中を家族は誇りに思いますし、あなたが本気であれば、必ず応援してくれます。

それが、家族に見せる姿勢であり、最大の社会貢献となります。

私は、これまでに8冊の本を出版しました。

これは、非常に難しいことです。

なぜなら、8割の人は、2冊目以降出すことができずに消えるのが、出版業界です。それだけ厳しい業界なわけですが、私は幸いにも本を出し続けることができています。

その背景には、実績が大きく影響しています。

私の場合、起業後、わずか5年で1000社以上のクライアントを獲得し、北は北海道から南は沖縄まで、海外は、アメリカ、フランス、コロンビアなどにクライアントを抱えています。

メディアの活動も積極的に行ない、テレビ神奈川のメインキャストを務める他、FM横浜のメインパーソナリティーも行なっています。

しかし、「自分ビジネス」を持つ前までの私は、まったく違う人生を歩んでいました。何もなかったにもかかわらず、根拠のない自信だけがありました。

今考えると、大きな勘違いと気づくことができますが、当時の自分にはそれが分かりませんでした。

大した成果を上げてきたわけでもないのに、何でもできると思い込んでいたのです。

しかし、それは幻想でした。

当時の私も例外ではありませんでした。

生きる意欲を失ってしまったのです。

その結果、自殺未遂をする羽目に……。

ただ、一本の電話で命を繋ぐことができました。

親からの電話です。用はないと言いながら、何かを感じとったのかもしれません。

電話を切った後、涙が一気に溢れ出てきました。

本当は、怖くて、怖くて、仕方がありませんでした。先の見えない恐怖、未来を閉ざした絶望感。思い出すだけで、頭が痛くなります。

そんな状態からであっても、再起することができたのは、愛猫（テコ）との出会いが心を支え、妻が見守り、長男レムが挑戦する勇気と覚悟を与えてくれたからです。

そして、今もなお頑張り続けることができているのは、長女リラがいてくれるおかげです。

本当にありがとう。これからもっと家族のために頑張ります。

２０１９年初夏　　　　　　　　　　　船ヶ山　哲

付録

自分に最適なビジネス発見シート

Product & Business Model Discovery Sheet

今までの知識・経験から商品（サービス）を作るワーク

「自分ビジネス」を始める場合、過去の自分の知識や経験から考えることをオススメします。「自分の得意とする分野」や「悩みを解決した経験」をまとめるうちに商品（サービス）が完成してしまうかもしれません。

また、自分の得意な分野やある時期に沢山の時間を費やし結果を出した（解決した）ものは、あなたの天職である可能性が高いです。

ですが、注意することが１つだけあります。

それは、その商品（サービス）に市場が存在しているかということです。

どんなに自分の得意な分野の商品（サービス）であっても、それを「欲しい」と思ってくれるお客様がいないことにはビジネスは成り立ちません。このシートを使って、自分に何がふさわしいかを分析してみましょう。

STEP1 お金になる知識・経験の棚卸し（自分の振り返り）

これまであなたがどんな経験をしてきたかを具体的に明確にするための質問です。それぞれの答えが、あなたの商品となり得る可能性を秘めています。

どんな些細なことでも構いません。できるだけ多く回答を書き出してみてください。

- 小学校時代
- 中学校時代
- 高校時代
- 大学（専門学校）時代
- 社会人時代
- 最近

それぞれの年代ごとに

- **継続していたこと**
- **人に教えられること（よく頼まれていたこと）**
- **周りの人が難しそうにしているのに、自分は当たり前のようにできること**

・好きで仕方なかったこと
・上手くいったこと（具体的な成果）
・悩んでいたこと（コンプレックス）
・失敗したこと
・よくお金を使っていたこと
・お金を払って解決したこと

を書き出してみましょう。

STEP2　自分のやりたいこと（提供できること）

ＳＴＥＰ１で書き出したものの中から、

・自分が提供できること（解決してあげられること）
・悩んでいる人がいるなら、解決してあげたい
・今でも興味を持っていること

を書き出してみましょう。

STEP3　市場のチェック

ＳＴＥＰ２で書き出したものがすでに世の中に商品（サービス）として存在しているか、リサ

ーチをしてみましょう。

・インターネットで検索して、サイトやブログがあるか
・実際に販売している会社（個人）がいるか
・書店にて関連の雑誌や書籍が販売されているか

存在しているとしたら、そのテーマには市場があり、あなたの商品となり得る可能性が高いです。もし存在していない場合は、残念ながらそのテーマに市場がない可能性が高いです。別のテーマを探していきましょう。

STEP4　商品（サービス）になり得るテーマの深堀りをしよう

STEP3をクリアしたテーマはあなたの商品になる可能性が高いです！
そのテーマについて深く掘り下げていきましょう。

・自分が提供できるその商品（サービス）のターゲットはどんな人物になるのか？
・自分がその商品（サービス）を使ってどんな悩みを解決できるのか？
・すでに出回っている商品（サービス）で、改善できるところ（残念に思う点）は何か？

STEP 1

お金になる知識・経験の棚卸し

	中学校	小学校	
			継続していたこと
			人に教えられること（よく頼まれていたこと）
			周りの人が難しそうなのに自分は当たり前にできること
			好きで仕方なかったこと
			上手くいったこと（具体的な成果）
			悩んでいたこと（コンプレックス）
			失敗したこと
			よくお金を使っていたこと
			お金を払って解決したこと

最近	社会人	大学(専門)	高校	

STEP 2

自分のやりたいこと（提供できること）

《STEP1で書き出した中で、特にやりたい（やれる）こと》

・自分が提供できること（解決してあげられること）

・悩んでいる人がいるなら、解決してあげたい

・今でも興味を持っていること

STEP 3
市場のチェック

《STEP2で書き出したものがすでに商品(サービス)として存在しているか》

• インターネットで検索して、サイトやブログがあるか

• 実際に販売している会社(個人)がいるか

• 書店にて関連の雑誌や書籍が販売されているか

STEP 4
商品（サービス）になり得るテーマの深堀り

- 自分が提供できるその商品（サービス）のターゲットはどんな人物になるのか？

- 自分がその商品（サービス）を使ってどんな悩みを解決できるのか？

- 実際にすでに出回っている商品（サービス）を使ってみて

Profile

船ヶ山 哲（ふながやま・てつ）

1976年、神奈川県出身。心理を活用したマーケティングを得意とし、人脈なし、コネなし、実績なしの状態から、起業後わずか５年で1000社以上のクライアントを獲得。その卓越したマーケティング手法は、数々の雑誌やメディアに取り上げられ、現在ではテレビ番組（テレビ神奈川）のメインキャストを務めるほか、ラジオ番組（FM横浜）でもメインパーソナリティーとしても活躍中。

またプライベートでは子どもの教育を最優先に考え、海外在住。

著書に『武器としてのビジネススキル』『お金と自由をもたらす最速の稼ぎ方』『洞察のススメ』『超・起業思考』他。

公式サイト　https://remslila.co.jp/

• カバーデザイン：井上 新八
• 本文デザイン：斎藤 充（クロロス）
• 編集協力：遠藤 れいこ

会社《かいしゃ》を辞《や》めずに収入《しゅうにゅう》を月《つき》50万円《まんえん》増《ふ》やす！
小《ちい》さく始《はじ》めて成功《せいこう》させる「自分《じぶん》ビジネス」

2019年7月10日　第1刷発行

著　者　船《ふな》ヶ《が》山《やま》哲《てつ》
発行者　茨木政彦
発行所　株式会社 集英社
〒101-8050 東京都千代田区一ツ橋2-5-10
編集部 03-3230-6068
読者係 03-3230-6080
販売部 03-3230-6393（書店専用）
印刷所　大日本印刷株式会社
製本所　株式会社ブックアート

集英社ビジネス書公式ウエブサイト　http://business.shueisha.co.jp/
集英社ビジネス書公式Twitter　https://twitter.com/s_bizbooks（@s_bizbooks）
集英社ビジネス書Facebookページ　https://www.facebook.com/s.bizbooks

ISBN978-4-08-786115-0　C0034